# Eu Matei Sherazade

# Eu Matei Sherazade

## Joumana Haddad

TRADUÇÃO DE
Dinah Azevedo

EDITORA RECORD
RIO DE JANEIRO • SÃO PAULO
2011

CIP-Brasil. Catalogação-na-fonte
Sindicato Nacional dos Editores de Livros, RJ

H144e  Haddad, Joumana, 1970-
Eu matei Sherazade / Joumana Haddad ; tradução de Dinah de Abreu Azevedo. – Rio de Janeiro : Record, 2011.

Tradução de: I killed Scheherazade
ISBN 978-85-01-09220-5

1. Mulheres – Arábia Saudita – Condições sociais. 2. Arábia Saudita – Usos e costumes. 3. Discriminação de sexo às mulheres – Arábia Saudita. I. Título.

10-5815.                CDD: 305.4209538
                        CDU: 316.346.2-055.2(532)

Texto revisado segundo o novo Acordo Ortográfico da Língua Portuguesa.

Título original em inglês:
I KILLED SCHEHERAZADE

Copyright © Joumana Haddad, 2011

Todos os direitos reservados. Proibida a reprodução, armazenamento ou transmissão de partes deste livro, através de quaisquer meios, sem prévia autorização por escrito. Proibida a venda desta edição em Portugal e resto da Europa.

Direitos exclusivos de publicação em língua portuguesa para o Brasil adquiridos pela
EDITORA RECORD LTDA.
Rua Argentina 171 – 20921-380 – Rio de Janeiro, RJ – Tel.: 2585-2000
que se reserva a propriedade literária desta tradução

Impresso no Brasil

ISBN 978-85-01-09220-5

Seja um leitor preferencial Record.
Cadastre-se e receba informações sobre nossos lançamentos e nossas promoções.

Atendimento e venda direta ao leitor:
mdireto@record.com.br ou (21) 2585-2002

Para minha filha,
que posso ter/posso nunca ter,
esperada, esquecida,
desejada, temida,
sonhada, pega no colo,
feita de esperança, feita de carne,
real, inacreditável,
com mil nomes e,
apesar disso, sempre sem nome,
nascida,
sem nascer,
amada em ambas as suas florestas.

# Sumário

Nota ao leitor     9
Prefácio de *Etel Adnan*     11
Para começo de conversa... *Sobre camelos, dança do ventre, esquizofrenia e outras pseudocalamidades*     13

I. Uma mulher árabe lê o Marquês de Sade     27
II. Uma mulher árabe sem lugar no mundo     41
III. Uma mulher árabe escreve poesia erótica     55
IV. Uma mulher árabe funda uma revista sobre o corpo     69
V. Uma mulher árabe redefine o que é ser mulher     83
VI. Uma mulher árabe sem medo de provocar Alá     101
VII. Uma mulher árabe que vive e diz não     113

Para começo de conversa — outra vez... *Será que sou mesmo uma "mulher árabe"?*     123
Pós-parto: *eu matei Sherazade*     127
O capítulo da poetisa: *uma tentativa de autobiografia*     133
Agradecimentos     141

A questão árabe está inextricavelmente ligada ao olhar do Outro ocidental — um olhar que impossibilita tudo, até mesmo a fuga. Alternando entre desconfiado e superior, o olhar do Outro está sempre obrigando você a enfrentar sua situação aparentemente insolúvel. É preciso ter tido passaporte de um Estado pária para saber o quanto esse olhar pode ser categórico. Você tem de comparar suas ansiedades com as certezas do Outro para compreender a paralisia que ele pode provocar.

Samir Kassir
*Considerações sobre a desgraça árabe*

# Nota ao leitor

A ideia deste livro surgiu quando uma jornalista estrangeira me perguntou, num dia chuvoso de dezembro de 2008, como "uma mulher árabe como você consegue publicar uma revista erótica controvertida como *JASAD* em sua língua materna". Tinha havido algum elemento em particular ou alguma precursora em minha formação e em minha família, perguntou ela, que tivesse preparado o terreno para uma decisão tão "inusitada" e polêmica?

— No Ocidente — acrescentou ela —, não estamos familiarizados com a possibilidade de existirem mulheres árabes liberadas como você.

É claro que ela pretendia me fazer um elogio, mas eu me lembro de ter ficado irritada com essas palavras e de ter dado uma resposta malcriada: — Não acho que eu seja tão excepcional assim. Há muitas "mulheres árabes liberadas" como eu. E, se você não tem conhecimento de nossa existência, como diz, o problema é seu, e não nosso.

Mais tarde, à noite, arrependi-me de minha reação defensiva. Mesmo assim, a pergunta da jornalista continuou em minha cabeça e eu tentei entender melhor por que ela a havia feito e por que havia me irritado tanto. Minha tentativa de compreender logo se transformou num pequeno texto; o pequeno texto cresceu e ficou grande; e o grande também cresceu até se tornar uma verdadeira exposição de motivos; a exposição de motivos foi combinada a outros textos que eu havia produzido sobre o mesmo assunto em diversas ocasiões; e tudo isso se fundiu com algumas notas autobiográficas pertinentes e reveladoras que eu havia feito ao longo dos anos; e o resultado foi um livro: este livro.

Foi uma boa ideia, ou não? É um livro necessário ou irrelevante? Genérico demais? Caótico demais? Egocêntrico demais? Agora é tarde para eu fazer essas e outras perguntas similares. A única coisa que sei é que escrevê-lo parecia inevitável. Inescapável, até. Algo muito parecido com uma história de amor. E, ao menos para mim, essa é uma justificativa mais que suficiente.

Mas, tendo resolvido publicá-lo, espero encontrar outras justificativas para ele dia após dia, ao longo da nova vida que você, leitor, vai lhe insuflar.

Cara Jenny, aceite, por favor, meu pedido de desculpas — atrasadíssimo — por ter sido grosseira com você. Espero que considere esse singelo depoimento uma tentativa não muito desajeitada de dizer "desculpe".

Mais importante ainda: espero que considere esse depoimento singelo uma tentativa de dizer "obrigada".

# Prefácio

*Etel Adnan*

A última notícia é que Sherazade está morta, assassinada! Foi um crime passional ou a sangue-frio? As duas coisas, provavelmente. Haddad acaba de matar a heroína d'*As mil e uma noites*. E nunca um crime foi tão alegre — nem tão ético.

A história dessa morte é uma tempestade que desanuvia o céu. Não o céu carregado de monoteísmos, mas o céu que é o corpo de uma mulher, o corpo pessoal que pertence somente a si mesmo.

Um mito histórico teve de ser desmontado para que o corpo — e, por conseguinte, também a mente — pudesse ser liberado, e essa experiência tinha de ser escrita para se consolidar melhor.

Portanto, antes de ouvir o som, é preciso ouvir o silêncio. Antes de palavras melodiosas, vem a primeira palavra, a existência do corpo, e Haddad não propõe que a gente se perca em sua exaltação, e sim que o ouça.

Gosto dessa narrativa/análise que ressoa como o jazz ou o rap. E, no entanto, é uma acusação feita com uma lógica impecável e pontuada pela ira, por mais que ira, pela busca extasiada — mística — da liberação absoluta, que só seria possível por meio da liberação do "objeto-sujeito" que é esse corpo no qual a vida começa e termina.

Mas, desde o nascimento, o corpo está imerso num contexto social e é assim que as restrições têm início e nos levam até mesmo à escravidão.

Haddad não é de meias medidas. Vinda de um país onde houve muita matança (e para nada), ela emprega uma violência igualmente intensa, mas de outra natureza. Ela ataca todos os tabus, e seu "crime" se transforma em parto, em ato de vida.

Ela fala da mulher árabe, do que lhe é familiar, mas o que ela fala diz respeito a todas as mulheres ao longo de toda a história, principalmente àquelas da região do Mediterrâneo, onde lhes dizem com uma autoridade consagrada que elas são um subproduto da vida, uma vez que Deus criou Adão, mas Eva surgiu de uma reles costela. Mas Haddad traz boas notícias: a mulher nasce só de si mesma, e tem de produzir a si mesma, criar a si mesma — exatamente como o homem. Ela tem de se tornar a nova Sherazade, escrevendo suas histórias para participar da criação do mundo por meio da literatura.

Ela traz as questões cruciais da identidade e da volta às raízes, não para cultivar o eu social, que é mais narcisista do que pensamos, mas para cultivar a liberdade que descobriu quando criança e que é sempre um ponto de partida precário.

Tudo isso é questionado com uma alegria selvagem e uma inteligência transbordante que nos levam de roldão, num texto que, no fim, é um poema bárbaro.

É preciso verdadeira genialidade para alcançar essa liberdade radical.

# Para começo de conversa...

## *Sobre camelos, dança do ventre, esquizofrenia e outras pseudocalamidades*

Cara ocidental,
Gostaria de avisar desde o início: não sou conhecida por facilitar a vida de ninguém. Portanto, se você está aqui procurando verdades que supõe já saber e provas que acredita já ter; se tem esperança de que as visões orientais de mundo a reconfortem, ou de ser tranquilizada em seus preconceitos antiárabes; se espera ouvir a cantilena interminável do choque de civilizações, é melhor parar por aqui. Porque, neste livro, vou fazer tudo o que puder para "decepcioná-la". Vou tentar desiludi-la, desencantá-la e privá-la das quimeras e opiniões pré-fabricadas. Como? Bom, simplesmente lhe dizendo o seguinte:

embora eu seja a chamada "mulher árabe", eu — e muitas outras como eu — uso o que tenho vontade de usar, vou aonde tenho vontade de ir e digo o que tenho vontade de dizer;

embora eu seja a chamada "mulher árabe", eu — e muitas outras como eu — não uso véu, não fui subjugada, não sou analfabeta, nem oprimida e certamente não sou submissa;

embora eu seja a chamada "mulher árabe", nenhum homem me proíbe — como não proíbe a muitas outras como eu — de dirigir um carro, nem de andar de motocicleta, nem de estar ao volante de um caminhão (aliás, nem de um avião!);

embora eu seja a chamada "mulher árabe", eu — e muitas outras como eu — tenho grau de instrução superior, uma vida profissional ativíssima e uma renda maior que a de muitos homens árabes (*e ocidentais*) que conheço;

embora eu seja a chamada "mulher árabe", eu — e muitas outras como eu — não moro numa tenda, não ando de camelo e não pratico a dança do ventre (não fique ofendida se pertencer ao "campo esclarecido": ainda há quem tenha essa imagem de nós, apesar do mundo sabidamente globalizado do século XXI);

e, por fim, embora eu seja a chamada "mulher árabe", eu — e muitas outras como eu — sou muito parecida com... VOCÊ!

Sim, parecemos muito com você, e nossa vida não é assim tão diferente da sua. Além disso, se você se olhar no espelho por bastante tempo, tenho quase certeza de que vai ver nossos olhos faiscando em seu rosto.

Parecemos muito com você e, apesar disso, somos diferentes. Não porque você é do Ocidente e nós, do Oriente. Não porque você é ocidental e nós somos orientais. Não porque você escreve da esquerda para a direita, e nós, da direita para a esquerda. Somos diferentes porque todos os seres humanos na face da Terra são diferentes entre si. Somos diferentes, tanto quanto você é diferente de sua vizinha. E é isso que torna a vida interessante. Não fosse assim, todos nós morreríamos de tédio.

Ao menos eu morreria.

Portanto, não se deixe encantar por mim, nem por este livro, pelos motivos errados: não sou interessante por ser "árabe". Não sou interessante por ser uma "mulher árabe". E certamente não sou interessante por ser uma "escritora árabe". (*Que classificação desastrosa, principalmente para alguém como eu, que detesta rótulos*). O único bom motivo para ler este livro, o único bom motivo para eu ser interessante para você, o único bom motivo para qualquer ser humano despertar qualquer interesse é por ser ele mesmo, e não apenas a embalagem cintilante e atraente que usa como fachada.

Portanto, em vez de se render imediatamente a uma determinada imagem que foi criada por outra pessoa em seu nome, tente perguntar a si mesma: "Afinal de contas, o que é uma 'mulher árabe'?"

Este livro é uma tentativa singela de refletir sobre esse tema. Ele não pretende dar respostas às questões apresentadas, nem soluções aos problemas expostos, nem lições ou receitas para viver bem. Sua maior aspiração é divulgar um depoimento e uma reflexão sobre o que significa e sobre o que *pode* significar ser uma mulher árabe hoje. Sua segunda aspiração é realizar a primeira, mas sem a secura monótona do discurso retórico, sem o egocentrismo estreito de uma autobiografia sistemática e sem as alegorias escapistas de um romance.

Sim, minha cara ocidental, não se deixe enganar pelo fato de ser a destinatária óbvia deste livro: ele não foi escrito só para você, mas — e, às vezes, principalmente — para minhas conterrâneas árabes. Ele é, por conseguinte, em grande medida, um esforço de autocrítica. E, embora tente mostrar onde se encontra hoje a esperança das mulheres árabes, ele também vai expor suas fraquezas, os desafios que elas estão enfrentando e os problemas que estão encarando/causando/ignorando. De vez em quando, o movimento entre a descrição e a condenação da nossa dura realidade e a tentativa de provar que há uma luz lá fora realmente dão a impressão de eu estar me contradizendo; pois como alguém pode defender uma visão de mundo ao mesmo tempo que recrimina suas origens? Mas esse efeito é pura ilusão, e resultado direto de integridade crítica. Nenhum esforço de autodefesa merece ser levado a sério se não se fizer acompanhar do esforço de autocrítica e se não tiver seu apoio. Se exponho nossos defeitos implacavelmente, é para melhor destacar a exceção inegável a eles.

E vice-versa.

"As histórias *só* acontecem com quem é capaz de contá-las" (Paul Auster). Mas, para conseguir contar algumas de minhas histórias, e refletir sobre o que realmente significa ser uma mulher árabe hoje em dia, primeiro tenho de resumir algumas das coisas que significam ser árabe.

Atualmente, ser árabe é, em primeiríssimo lugar — mesmo sem generalizar — dominar a "arte da esquizofrenia".

Por quê? Porque ser árabe hoje em dia significa que você tem de ser hipócrita. Significa que não pode viver o que realmente quer viver, nem pensar de maneira honesta, espontânea e inocente. Significa que você está dividido, proibido de falar a verdade nua e crua (*e a verdade é crua; esse é seu papel, e é aí que está a sua força*), porque a maioria árabe depende de uma teia de mentiras e ilusões reconfortantes. Significa que sua vida e suas histórias têm de ser abafadas, tolhidas e codificadas; reescritas para agradar os guardiões vestais da castidade árabe, para que estes possam ficar sossegados em relação ao fato de o delicado "hímen" árabe estar protegido do pecado, da vergonha, da desonra ou da mancha.

Os obscurantistas estão se multiplicando em nossa cultura árabe como cogumelos no verão e nos deparamos com sua sombra em toda parte, em toda questão. Sua inteligência é parasitária, como também é seu coração, sua alma e seu corpo. Só conseguem sobreviver como os carrapatos. Sua função é distorcer e esmagar tudo o que é livre, criativo ou belo e que escapou de sua hipocrisia e superficialidade. Onde quer que a liberdade, a criatividade e a beleza consigam mostrar seu brilho, para lá eles enviam ondas e ondas de hostilidade e ressentimento; lançam campanhas de distorção e inverdades para destruir o que escapou de sua mediocridade.

Repito: os obscurantistas estão se multiplicando em nossa cultura como cogumelos, e estão gerando montanhas de ameaças, agressões, demagogia, charlatanismo e a proliferação de dois códigos morais duplos, um para o homem, outro para a mulher. Esses "soldados da castidade" defendem a ética, embora a única coisa que a ética possa fazer seja lavar as mãos depois de qualquer contato com eles. Fazem de conta que protegem valores, embora os valores verdadeiramente humanos não tenham nada a ver com eles. Afirmam defender, com sua mente doente e distorcida, aquilo que se atrevem a chamar de honra, fé, dignidade e moralidade, vociferando ao falar da necessidade de "salvar nossa religião, nossos costumes, nossas tradições e nossos jovens", enquanto ignoram o tempo todo o que está se passando nas telas da televisão, na internet, atrás de portas fechadas e até em locais de culto. Só entendem a pontinha do iceberg da honra e da moralidade e só registram o superficial.

Esses "ladrões" nos roubaram a vida pessoal; roubaram nossas liberdades individuais e nossas liberdades civis (o direito de viver em liberdade, o direito de exercer o livre-arbítrio, o direito à liberdade de expressão). Apropriaram-se fraudulentamente de nossa cultura, dessacralizaram-na e assassinaram-na: o mesmo que fizeram com nosso futuro, com nossa civilização, com nossa herança árabe iluminista. E a lista de seu vandalismo não para por aqui.

Esses obscurantistas retrógrados são ladrões. São profanadores. São assassinos. E, para coroar, são *burros*. E esse talvez seja o golpe mais cruel contra nossa identidade árabe contemporânea.

Em segundo lugar, ser árabe hoje em dia significa fazer parte de um rebanho, significa renunciar por completo à sua individualidade e acreditar cegamente num líder, numa causa ou num slogan. "As nações são construídas pelas massas", diz o princípio árabe. Talvez seja isso que tenha alimentado meu ceticismo em relação a grupos, ideologias e lutas coletivas — até mesmo aqueles que defendem causas nobres — e o apego à minha individualidade; uma individualidade "humanista" que respeita, reconhece e leva em conta a existência e as necessidades do outro, mas que se posiciona firmemente contra quaisquer tendências homogeneizantes.

 Claro, o espírito do rebanho não é estrita e exclusivamente um problema árabe, não em particular nessa era populista. Infelizmente, vimos muitas nações — até mesmo nos chamados países desenvolvidos — caírem na armadilha de "seguir o chefe, mesmo que ele seja um jumento": de que outra maneira explicar o George W. Bush dos Estados Unidos, para citar apenas um exemplo entre muitos outros? Mas, no mundo árabe (ao menos no mundo árabe contemporâneo, para fazer jus à nossa herança maravilhosa), essa doença não é só "um episódio sombrio da história", mas uma situação permanente. Pois este mundo está cego para o fato de todos os grupos serem a soma de seus membros e para o fato de que, se esses grupos não forem construídos em harmonia com o ser humano que cada membro é, seja homem ou mulher, em pensamento, atos, sentimentos, corpo, espírito e emoções, eles vão se destruir a si mesmos e ficar mais parecidos com rebanhos dominados pelo instinto e pela força bruta, inconscientes de sua própria vontade, de acordo com a lógica da predominância do grupo sobre o indivíduo.

 Sei exatamente o que frases como "a predominância do grupo sobre o indivíduo" significam, em nossas sombrias realidades políticas, sociais e culturais árabes. Com esse pretexto, as massas são organizadas e controladas, mantidas em rebanhos diferentes que erradicam por completo qualquer aspecto pessoal, seja ele opinião, opção, sentimento, explosão de sentimentos, compreensão, expressão, ambição ou qualquer manifestação de vida. O indivíduo desaparece em facções baseadas em tendências sociais, religiosas e políticas genéricas, domesticado e privado pelas autoridades de sua singularidade. Na prática, isso leva à dissolução de todo talento individual sob a onda da entidade coletiva esmagadora e homogeneizante. Os indivíduos derretem-se na fornalha, veem seu ego apagado, proibido de desempenhar qualquer papel criativo, o que contribui para promover os clichês atuais sobre os árabes e sua imagem estereotipada. Quanto mais nos organizamos para fazer nossa voz ser ouvida, tanto mais nosso discurso é mal-entendido. Você está se dando conta da perversidade desse círculo vicioso?

Mas que sentido tem a vida, e que dignidade tem qualquer grupo, qualquer que seja a sua causa, se o "eu" é esmagado pelas patas do rebanho? Não me entenda mal: não estou defendendo aqui aquele individualismo antiquado. Não estou defendendo uma abordagem "darwinista", baseada na ideologia do *homo homini lupus*, que produziu basicamente uma sociedade egoísta, injusta e destrutiva, na qual não há lugar para os fracos, nem para os pobres, na qual não há consciência comunitária, nem consciência ambiental. Esse modelo é tão ruim e pernicioso quanto o modelo socialista fracassado que, em nome de belas ideias igualitárias, esmagou indivíduos, suas liberdades, seus sonhos, sua vida.

Estou falando aqui é de descobrir o equilíbrio do meio-termo; um equilíbrio que tanta gente está tentando alcançar, ou pelo qual está lutando e que deveria ser o produto eficiente e nobre de uma competição eficiente e nobre entre o capitalismo e o comunismo. Um equilíbrio bem parecido com o que alguns países da Europa setentrional conseguiram encontrar, ao menos em grande medida.

"*Liberté, Égalité, Fraternité*": mais de 220 anos se passaram e ainda não chegamos lá...
Mas ainda parece a melhor opção, você não acha?

Em terceiro lugar, ser árabe hoje em dia significa — e essa é a última declaração que tenho a fazer sobre esse assunto aqui — enfrentar uma série de impasses: o impasse do totalitarismo; o impasse da corrupção política; o impasse do favoritismo; o impasse do desemprego; o impasse da pobreza; o impasse da discriminação de classe; o impasse do sexismo; o impasse do analfabetismo; o impasse dos regimes ditatoriais; o impasse do extremismo religioso; o impasse da misoginia, da poligamia e da homofobia; o impasse da fraude financeira; o impasse do desespero, do vazio e da falta de sentido; o impasse do conflito do Oriente Médio; o impasse da tragédia palestina; o impasse da parcialidade do Ocidente; o impasse da hostilidade, do medo, da arrogância, da desconfiança, do sentimento de superioridade do Ocidente... etc.

Sabe, ser árabe e viver no mundo árabe hoje em dia é como dar murro em ponta de faca, uma faca fabricada com o aço das dificuldades políticas, sociais e existenciais. Você esmurra e esmurra, mas não muda nada. Só muda o número de feridas na carne. Mas você tem de continuar dando murros nessa faca com a energia que vem do seu íntimo. É a sua única esperança. Pois não é possível destruir essa faca com nada que venha de fora.

E, sobretudo, não é possível destruir essa faca com "gente de fora". A mudança não é um produto "importável".

❧

"O ser humano árabe está sofrendo de esquizofrenia; uma esquizofrenia coletiva que todos nós vivemos, divididos entre o que nos disseram para acreditar e aquilo em que realmente acreditamos, entre o que nos disseram para fazer e aquilo que realmente fazemos. Mas chegou a hora de começar a chamar as coisas por seu nome verdadeiro e de assumir a responsabilidade por elas", escreveu a atriz de teatro e escritora tunisiana Jalila Bakkar. Depois de tentar resumir o que significa ser árabe no presente momento (a esquizofrenia, a síndrome do rebanho, o impasse: três realidades sombrias vividas igualmente por homens e mulheres), vou tentar agora — e ao longo de todo este livro híbrido —, por um lado, explicar o que é ser uma mulher árabe (isto é, todos os preconceitos tacanhos e equivocados que as pessoas associam a essa condição, bem como as verdades comuns a todas que têm essa identidade problemática) e, por outro lado, que tipo de responsabilidade isso implica, e qual pode ser seu verdadeiro significado (isto é, o potencial de uma realidade positiva — singular ou plural, que pode se concretizar apesar dos problemas e dos desafios existentes).

Antes de tentar definir "o que é uma mulher árabe", é necessário fazer uma pergunta: como uma mulher árabe típica é vista pelos que não são árabes? Não é uma visão formada basicamente na consciência coletiva do Ocidente por uma miríade de fórmulas e generalizações, nascidas de uma perspectiva orientalista persistente até agora, ou de uma visão hostil pós-11 de Setembro, nascida do ressentimento, do medo ou de sentimentos de superioridade?

Essa não é a mulher que costuma ser vista como uma pobre coitada, condenada do berço ao túmulo a obedecer incondicionalmente aos homens da família, pai, irmão, marido, filho etc.? Como uma pobre alma sem qualquer tipo de controle sobre seu destino? Como um corpo indefeso ao qual dizem quando deve viver, quando deve morrer, quando deve se reproduzir, quando deve se esconder, quando deve murchar? Como um rosto invisível, mascarado por diversas camadas de medo, vulnerabilidade e ignorância, completamente escondido pelo *hijab* islâmico? Pior ainda: pela burca sunita e pelo xador xiita? Uma mulher que não tem permissão de pensar, falar ou trabalhar por conta própria; que só pode falar quando recebe ordens para tal e que costuma ser humilhada e ignorada quando abre a boca; em resumo, uma mulher que não tem lugar nem dignidade entre os seres humanos.

Claro, nem todos os clichês são equivocados. Nem todos os truísmos são totalmente falsos. Essa mulher árabe realmente existe. Não só existe; para ser franca e cientificamente exata, infelizmente tenho de reconhecer que, hoje em dia, ela é cada vez mais o modelo predominante das mulheres árabes.

Onde quer que você vá, do Iêmen ao Egito, da Arábia Saudita a Bahrain, vai ver que as forças religiosas, os sistemas políticos indiferentes, corruptos e/ou cúmplices, as sociedades patriarcais e até a própria mulher árabe (pois é ela mesma sua maior inimiga, muitas vezes uma cúmplice da conspiração contra seu gênero) são excelentes quando se trata de gerar novas formas de humilhar a mulher, de frustrá-la e de anular sua identidade e seus papéis.

Mas nem o reconhecimento desse fato torna menos escandaloso, triste e injusto que quase nenhuma outra imagem da mulher árabe esteja presente no olhar e na percepção habitual do Ocidente.

Repetindo: não estou generalizando ao dizer essas coisas. Muito pelo contrário: sei perfeitamente bem que o ocidental consciente da natureza caleidoscópica, complexa e heterogênea de nossas sociedades e culturas árabes existe de fato. O problema é que ele é a exceção que confirma a regra.

Quantas vezes nesse terceiro milênio, por exemplo, tive de explicar a um público ocidental surpreso que, sim, muitas mulheres árabes usam roupas sem mangas e até minissaia em vez de lenços, abaias (mantos) e *niqabs*; e que, não, o deserto não tem absolutamente influência alguma sobre minha expressão poética, pelo simples fato de não haver deserto algum no Líbano.

Uma série interminável de mal-entendidos e simplificações exageradas, reforçada pelo medo generalizado do famoso "terrorista árabe", ou pela ignorância e falta de curiosidade pura e simples em relação a nós, ou pelo fascínio da mídia com o lado superficial/sensacionalista de qualquer notícia (como a história de Noujoud, a menina de 10 anos casada à força pelos pais, ou pela história de Lubna, a jornalista sudanesa presa e chicoteada por usar calças compridas).

Diz um famoso provérbio que "a queda de uma árvore faz mais barulho que o crescimento de toda uma floresta".

Quando será que vamos começar a prestar atenção ao sussurro de uma árvore crescendo?

Não há dúvida de que a migração dos países árabes do Terceiro Mundo para a Europa também desempenhou um papel importante na difusão dos mal-entendidos citados, por causa da "reação pelo véu", isto é, do número crescente de mulheres de origem árabe/muçulmana que agora está adotando o véu como atitude defensiva/ofensiva à hostilidade ocidental contra o islamismo — pelo menos aparente — na era pós-11 de Setembro. Essa reação visível está fadada a obscurecer, ou a eclipsar por completo, a "outra" mulher árabe que vive no Ocidente, isto é, aquela que não usa véu e que não pode ser distinguida das mulheres ocidentais só por sua aparência. Por causa disso, o único modelo perceptível que resta, o único modelo "evidente" de mulher árabe, acaba sendo o da mulher velada, com todas as conotações negativas que esse modelo (justa ou injustamente) transmite.

Mas é preciso fazer justiça: o Ocidente não é a única parte responsável por essas visões distorcidas. Nós, árabes, somos igualmente culpados pela distorção de nossa imagem. Presos num círculo vicioso de defesa/ataque, fizemos, e continuamos fazendo, quase tudo o que podemos para incentivar a intolerância em relação a nós e para promover as imagens falsas e os clichês a respeito de nossas sociedades e culturas.

Em resumo: temos talento quando se trata de sermos nosso pior inimigo.

"Durante a maior parte da história, o Anônimo foi uma mulher" (Virginia Woolf), e isso certamente é verdade sobre a mulher árabe. Apesar disso, a mulher árabe que não é anônima não é um mito; a "outra", a mulher árabe atípica, rebelde, independente, moderna, livre-pensadora, não convencional, com grau elevado de instrução, autossuficiente, também existe. Além disso, não é tão rara quanto você supõe.

E aí está a chave desse depoimento, que não passa de um pequeno elo de uma longa cadeia de obras e ensaios já escritos sobre esse tópico. Seu objetivo não é provar que a imagem da mulher árabe típica que prevalece é inteiramente equivocada, e sim que é *incompleta*. E também colocar a seu lado a "outra" imagem, de modo que esta última se torne parte intrínseca da visão comum que o Ocidente (e o mundo árabe em geral) tem da mulher árabe.

Sim, a "outra" mulher árabe certamente existe. Precisa ser notada. Merece ser reconhecida. E estou aqui para contar sua história, ou ao menos uma de suas muitas histórias: a minha.

# I
# Uma mulher árabe lê o Marquês de Sade

> Os livros são o único lugar do mundo
> em que dois estranhos podem se encontrar
> em termos muito íntimos.
>
> *May Ziade*
> Poetisa e ensaísta libanesa (1886-1941)

Sempre fui aquilo que você chamaria, com simpatia ou desaprovação, de "menina levada". Na verdade, a lembrança mais vívida que tenho de mim mesma quando pequena é de uma criança absurdamente curiosa esperando com impaciência os pais saírem de casa para pôr uma cadeira na imensa biblioteca do pai, subir nela e alcançar tudo o que estava escondido nas prateleiras de cima. Nos primeiros estágios de minha vida, eu achava que, nesse mundo, só havia duas coisas que valiam a pena ser feitas sempre que eu tinha a chance de estar sozinha: ler e me masturbar. Ambas as coisas precisavam de privacidade para um desfrute pleno.

Minha mãe gosta de lembrar três coisas de minha infância que ela considera de grande peso no que diz respeito a meu caráter: algumas horas depois de nascer eu já estava com os olhos completamente abertos, diz ela, olhando avidamente para o mundo à minha volta. As enfermeiras garantiram-lhe terem sido raras as vezes em que viram um recém-nascido tão atento ao mundo exterior, com tanta fome dele.

Em segundo lugar, desde que eu tinha 9 meses de idade, resistia ferozmente a fazer o que quer que fosse contra a minha vontade, fosse usar um casaco vermelho apertado que me impedia de me movimentar livremente, fosse tomar leite quando não estivesse com fome de verdade. Dizem que, para me defender, eu arranhava, mordia e até cuspia quando me obrigavam a fazer o que não queria.[1]

E, em terceiro lugar, minha mãe conta uma história estranha: que, antes mesmo de saber andar, e toda vez que ela precisava sair de casa para fazer alguma coisa, mas não tinha ninguém que pudesse tomar conta de mim, ela me punha numa cadeira minúscula e depois colocava a cadeira em cima de uma mesa alta e me deixava ali sozinha em casa, com a certeza de que, se eu me mexesse, ia me machucar feio. Ela voltava e me achava exatamente do mesmo jeito que eu estava quando ela saiu, sentadinha naquela cadeira diminuta, sã e salva, muito provavelmente sonhando com a minha trajetória no mundo.

Insaciabilidade, insubordinação e consciência: três características importantes de minha personalidade florescente e que ficaram comigo ao longo da estrada da vida — e espero que possa dizer isso sem parecer convencida ou arrogante. Não sei se essas três lembranças devem ser atribuídas à tendência das mães de ver os filhos com lentes cor-de-rosa, ou à verdade pura e simples; mas sei, com certeza, que a mesma

---

[1] Mantive a técnica de arranhar e morder. Mas não cuspo mais.

recém-nascida de olhos verdes arregalados, que essa mesma criança rebelde que se defendia com unhas e dentes, que a mesma criança perspicaz de um ano que sabia ser melhor ficar quietinha se quisesse evitar tombos e machucados agora é a mulher que optou sistematicamente, contra a lógica do tempo e do espaço, por levar uma vida atípica.

No entanto, nenhuma árvore vai crescer nem na terra mais fértil do planeta se uma semente não for lançada nela. E qual é a minha "semente"? Quem foi — e ainda é — a grande mentora que me guia nessa viagem em que estou?

Uma cúmplice onipotente chamada Literatura.

"É o que você leu quando não era obrigado a ler que determina o que você vai ser quando não puder evitar" (Oscar Wilde). Desde o começo de minha adolescência, nunca sonhei, como a maioria de minhas amigas, com Tom Cruise, ou Bruce Springsteen, ou Al Pacino, ou Johnny Hallyday, nem — acredite se quiser — com Robert de Niro. Eu sonhava apaixonadamente com Maiakovski, Pavese e Gibran. Com Dostoievski, Salinger e Éluard. Esses eram os estrangeiros que eu desejava e com os quais tecia fantasias, não os astros do cinema ou cantores famosos. Minhas colegas de classe estavam famintas de ilusões; eu estava faminta de sonhos.

Aqui tenho de observar que — ao contrário do que minha vida, minhas ideias e minhas opções podem sugerir — fui criada por pais muito tradicionais (apesar do pai intelectual e da mãe bem moderna); pais que sequer me permitiam — entre meus vários embargos — ir ao cinema com minhas amigas quando eu era adolescente. E, para coroar, frequentei uma escola feminina dirigida por religiosas durante 14 anos consecutivos. Essa criação tradicional não foi resultado de um fanatismo religioso, nem por ser subestimada por ser menina. Foi mais uma consequência do medo por mim "porque" eu era menina. Eu fazia objeções ferozes a esse medo, uma vez que, segundo meus parâmetros, ele era a mesma coisa que ser subestimada. "Sou mulher e, por isso, sou vulnerável, fraca, estou sempre correndo perigo... etc."

Mas nem o conservadorismo dos meus pais, nem meu ambiente escolar — denunciei ambos e lutei contra eles só por uma questão de princípio — me irritavam de fato porque, até chegar à vida adulta, eu estava completa e absolutamente extasiada com o mundo dos livros e da escrita. Portanto, apesar da criação tradicional e do peso do medo, cresci livre por dentro, pois minhas leituras me emanciparam — e a liberdade, como descobri mais tarde, começa na cabeça, antes de chegar à expressão e às atitudes de uma pessoa.

Eu era um feixe de contradições: por fora uma criança calma e fácil de conviver e, por dentro, um redemoinho de atividade mental; uma criança doce, gentil e carinhosa, mas que se transformava numa leoazinha de dentes à mostra quando alguém me machucava ou pegava o que era meu; extremamente sensível e, ao mesmo tempo, extremamente forte. Roubava no jogo com meu irmão porque não suportava perder (aprendi a lidar com isso mais tarde). Era fogosa, passional, teimosa, competitiva, com horror aos tabus e absolutamente impaciente (ainda sou!). Precoce, eu não curtia os brinquedos (em geral eu não gostava de coisas de menina, e tinha uma aversão particular pela Barbie e seus acessórios), preferindo roubar livros grossos que eram impróprios para minha idade, e devorá-los em segredo.

Eu adorava ler por muitas razões: eu lia para respirar; eu lia para viver (tanto a minha vida quanto a dos outros); eu lia para viajar para longe; eu lia para fugir da realidade brutal; eu lia para abafar as explosões da guerra libanesa; eu lia para ignorar os gritos dos meus pais e seu sofrimento, suas brigas diárias; eu lia para alimentar minha ambição; eu lia para acumular forças; eu lia para afagar minha alma; eu lia para espancar minha alma; eu lia para aprender; eu lia para compreender; eu lia para ter esperanças; eu lia para planejar; eu lia para acreditar; eu lia para amar; eu lia para desejar, ansiar, querer...

E lia principalmente para ter condições de cumprir a promessa que fizera a mim mesma de que um dia a minha vida seria diferente. Uma promessa que fiz — e ainda faço — de tudo para cumprir, por causa daquela pequena Joumana impotente, presa numa armadilha e que, entre as rajadas de tiros das lutas das milícias lá fora e os gritos das brigas dos pais cá dentro, fugia para seus sonhos, lançando-se de uma das prateleiras sujas de Beirute.

Não me lembro do primeiro livro que li. Faço frequentemente essa pergunta a meu pai, uma vez que herdei dele a paixão pela leitura, e ele era meu principal "fornecedor", mas ele também não se lembra. Porém me lembro muito bem de mim ainda criança, com uns 9 ou 10 anos de idade, sentada à mesa da cozinha de nossa casa, lendo sem parar, e depois escrevendo incansavelmente (muitas vezes sob a luz de velas, por causa dos cortes frequentes da eletricidade durante a guerra) histórias como as que eu tinha acabado de ler. Meu apelido em casa era "escritora *pasha*", porque eu escrevia até meu dedo médio ficar inchado (isso foi antes da era do computador).

Quando descobri o Marquês de Sade (ou seria melhor dizer que fui descoberta por ele?), eu tinha apenas 12 anos. As prateleiras de livros do meu pai, com todos os seus prazeres deliciosos, ficavam à minha inteira disposição durante as férias de verão. Eu podia pegar o que bem quisesse, com liberdade absoluta e sem sofrer consequência alguma por isso, principalmente devido à sua ausência de casa o dia inteiro e à sua confiança — indevida — em mim. Minhas feições inocentes, que contrastavam muito com os diabinhos que residiam em minha cabeça, eram o melhor disfarce para a loucura, a fome e o delírio que rodopiavam nela. Será que meu pai foi realmente enganado, com sua inteligência tão penetrante, ou precisava da ilusão de estar sendo enganado, como qualquer outro pai? Para ser franca, não sei. Mas, na verdade, meus traços "plácidos" ainda enganam muita gente, até hoje, no tocante à minha verdadeira natureza e ao que estou realmente pensando, permitindo-lhes fazer julgamentos com base nas aparências (Ai, ela é uma graça!) e cair na "armadilha": *minha* armadilha ("Valha-nos Deus, ela é o diabo em pessoa!").

E eu não me preocupo com esse engano involuntário. Nem um pouco.

Aquele dia glorioso do Marquês de Sade me mudou de maneira irrevogável. Considere a questão um problema simples de matemática: dois trens, A e B, separados por continentes e séculos, mas que estão viajando na direção um do outro no mesmo trilho, estão fadados a se encontrar em algum ponto do tempo e do espaço. O Marquês de Sade era o trem A e, olha só, eu era o trem B!

Naquela manhã quente, eu tinha acabado de ler *As ilusões perdidas*, de Balzac, e estava atrás de uma nova presa. Fiquei na frente da prateleira do alto e comecei a passar os olhos pelos títulos. E foi então que um livrinho amarelado na sexta prateleira me chamou a atenção. O título era *Justine, ou os infortúnios da virtude*. Fiquei intrigada. Peguei-o e abri as primeiras páginas. Era um livro bem antigo, impresso em 1955, publicado por Jean-Jacques Pauvert (claro, quem mais perversamente ousado para publicar um livro como esse na França daquela época?).

Pulei o prefácio maravilhoso de Georges Bataille, ao qual voltei muitos anos depois, e entrei direto no romance. Li aquela história fantástica e espantosa de uma só vez, numa mistura de pânico e incredulidade, hipnotizada e sentindo um pavor paralisante, como alguém que está com medo e, ao mesmo tempo, fatalmente atraído pelo objeto do medo. Como alguém que não consegue parar de assistir a um filme de horror, ou de sair da montanha-russa, apesar de todo o pavor que causam. *Adrenalina*. Aquele livro injetou adrenalina em meu sistema nervoso. E continuei tentando reviver essa sensação a cada livro que li depois dele, de modo que se tornou uma de minhas referências literárias, com a qual avalio a excelência ou a mediocridade de um livro. Na verdade, a busca de adrenalina, e meu vício por ela, também se tornou uma referência para minha vida pessoal e para minhas relações com o sexo oposto.

"Os livros podem ser muito perigosos. Os melhores devem ter carimbado um aviso: capaz de mudar sua vida" (Helen Exley). Não sei como uma menina de 12 anos poderia ler um livro "perigoso" como *Justine* e sair "incólume". Não sei como uma menina pode ter passado de Balzac a Sade sem cair no vasto abismo entre eles. Resumindo, não sei como saí ilesa daquele encontro brutal (saí?), mas sei que ele realmente mudou minha vida. Gosto de me referir a ele como "meu batismo na subversão".

Um livro de cada vez, uma leitura de cada vez, um confronto de cada vez, mas o Marquês de Sade se apossou de minha cabeça. Sacudiu-me pelos ombros, olhou-me bem dentro dos olhos e disse: "Sua imaginação é seu reino. Tudo é permitido dentro da sua cabeça. TUDO é possível. Abra as janelas, não tenha medo de infringir e alucinar".

O marquês de fato me libertou naquele dia de algumas de minhas algemas mentais. E, depois dele, outros escritores que escreviam tão maravilhosamente bem, tão desafiadora e tão insolentemente quanto ele também me libertaram. Em síntese: corrompi-me.

E não tinha volta.

Ler material "adulto" como *Justine*, *Lolita* e *Sexus* quando eu tinha 12, 13 e 14 anos me fez muito bem. Tenho de dizer aqui que li todos esses livros em francês, e não em árabe. Na verdade, mesmo adorando a língua árabe e muitos de seus escritores (principalmente Gibran Khalil Gibran e os romancistas e os poetas modernos), a maior parte de minhas leituras até a vida adulta foi em francês: ou de autores franceses, ou de autores estrangeiros traduzidos para o francês. E, seja como for, é bom lembrar aqui a impossibilidade pura e simples de um livro como *Justine* ser vendido em árabe sem qualquer restrição, ou de ser levado a sério por muitos intelectuais árabes, tanto quando eu era criança quanto agora. Isso a despeito de uma cultura árabe que, há mil anos, produziu obras muito mais eróticas e subversivas do que qualquer coisa escrita no Ocidente daquela época (e talvez de agora também). Vou citar uma obra do século XV intitulada *O jardim perfumado*, do xeque Nefsavi, como prova do que estou dizendo:

> Se deseja o coito, ponha a mulher no chão, tome-a nos braços, os lábios dela bem perto dos seus; depois aperte-a nos braços, sugue seu hálito, morda-a; beije seus seios, o estômago, os quadris, aperte-a mais ainda, como se quisesse fazê-la desmaiar de prazer; quando vir que ela chegou nesse ponto, penetre nela o seu membro. Se fizer como eu lhe disse, o prazer virá a ambos ao mesmo tempo.
> Nem todas as mulheres têm a mesma conformação da vulva, e também diferem em sua maneira de fazer sexo, e em seu gosto e repulsa pelas coisas. Uma mulher de formas arredondadas e que tem um útero raso vai procurar um membro que seja curto e grosso, que vai preencher sua vagina completamente, sem tocar o fundo dela; um membro grande e comprido não seria bom para ela. Uma mulher de útero profundo e, por conseguinte, de vagina longa, só deseja um membro

que seja longo e grosso e de proporções amplas, porque assim vai preencher sua vagina em toda a sua extensão; ela vai desprezar o homem que tem um membro pequeno e fino, pois ele não tem condições de satisfazê-la no coito.

Muitos já observaram que, em todas as circunstâncias, as mulheres pequenas gostam de sexo e demonstram mais afeição pelo membro viril do que as mulheres grandes. Só homens grandes e vigorosos servem para estas últimas; neles elas descobrem o prazer da vida e da alcova. Também há mulheres que só gostam do coito no clitóris, e quando o homem que está deitado com uma delas quer penetrá-la com seu membro, ela o tira com a mão e o coloca entre os lábios da vulva. Peço a Deus que me preserve dessas mulheres!

Eu me pergunto como é que, desse ponto alto da liberdade, em que se falava sobre sexo de forma tão natural, chegamos a essa nossa realidade constipada. Quando foi que começamos a despencar no abismo dos tabus? Essa é uma pergunta que não me sai da cabeça.

Bom, chega de *Justine*. E um livro como *Lolita*, então? Num mundo árabe, com sua preocupação avassaladora com a castidade feminina e com as maneiras e os comportamentos moralmente rígidos, um livro desses é considerado, é claro, ultrajante. Por outro lado, a prática islâmica da pedofilia "institucionalizada" não é considerada ultrajante e é muito comum homens feitos se casarem com meninas de 14 anos. O Centro Internacional de Pesquisa sobre a Mulher (ICRW, na sigla em inglês) estima que existam atualmente 51 milhões de crianças noivas no mundo, e quase todas elas vivem em países muçulmanos. Considere as palavras assombrosas do aiatolá Khomeini, um dos mais famosos sacerdotes islâmicos do século XX, extraídas de seu livro *Tahrir al-Wasila*:

> O homem não deve ter relações sexuais com sua esposa antes de ela ter 9 anos de idade, seja de forma regular, seja de vez em quando, mas pode ter prazer sexual com ela, tocando seu corpo, abraçando-a ou esfregando-se nela, mesmo que ela seja apenas um bebê. Se ele a penetrar sem a deflorar, não tem nenhuma responsabilidade por ela. Mas, quando o homem penetra e deflora um bebê [...], então deve ser responsável por essa criança enquanto ela viver.

E vêm me falar em depravação!

Por causa de todas essas discriminações absurdas, eu achava que tinha muita sorte pelo fato de a língua francesa me servir de janela para o "proibido". Sinceramente, não sei o quanto eu me sentiria pobre e roubada hoje sem os presentes e privilégios culturais que o francês me deu (e, nesse caso, e somente nesse caso, atrevo-me a falar da "sorte" de ser libanesa, uma vez que o Líbano é um país árabe francófilo). Aragon, Stendhal, Flaubert, Hugo, Sartre, Camus, De Beauvoir, Céline, De Musset, Sand, Colette, Genet... Isso para não falar de Dostoievski, Gogol, Miller, Nabokov, Kafka, Yeats, Márquez, Pirandello, Poe, Rilke, Pessoa e Pavese... Devorei muitas obras desses grandes escritores em francês.

꙳

O segundo efeito positivo de toda essa leitura, além de abrir minha cabeça, foi ter me salvo do romantismo medíocre dos livros banais, açucarados e inofensivos, como aqueles que minhas colegas de classe trocavam em segredo, corando à simples ideia de se envolver com o "inominável". Enquanto elas se empolgavam com as ardentes histórias de amor escritas por Barbara Cartland e que culminavam, no melhor dos casos, com "um beijo apaixonado" ou um "abraço apertado", lá estava eu, imersa no mundo absurdo de orgias intermináveis, padres sodomizando virgens, menininhas seduzindo cinquentões, e assim por diante. Minha infância acabou cedo, eu acho, se por infância entendemos uma fase de inocência sexual e "pureza".

Não era tão estranho assim, portanto, que eu olhasse de cima para minhas amigas de infância. Elas, por sua vez, diziam que eu era "tímida". Pois lá estavam elas, conversando sobre um cara que tinha sorrido para elas no caminho da escola, ou descrevendo a cena em que o primo com a cara esburacada de acne segurou sua mão embaixo da mesa no almoço de família, enquanto eu simplesmente não tinha nada a dizer. Não estava interessada em um cara "de carne e osso" (numa fase posterior da minha vida compensei essa apatia inicial com grande fervor).

A realidade era tão menos do que aquilo que eu absorvia dos meus livros adorados... parecia tão boba, tão infantil... e, sinceramente, eu não queria perder meu tempo com ela. Além do mais, eu gosto da solidão. Não me importo de ficar sozinha. Em meio a todas aquelas coisas maravilhosas para ler e sonhar, e sobre as quais escrever, eu curtia profundamente minha própria companhia, inteiramente convencida de que toda pessoa é uma multidão para si mesma, seja ela quem for. Minhas amigas da adolescência tomavam minha maturidade esnobe por timidez. E foi assim que ganhei fama de tímida e inocente; uma fama muito conveniente na época da escola, para ser franca.

A terceira influência construtiva — ao menos em minha opinião — de ler esses livros subversivos em tenra idade é que eles alimentaram minha curiosidade e minhas fantasias eróticas, e criaram em mim uma imaginação e uma libido não convencionais. A exploração é uma arte, as possibilidades são infinitas, e os tabus existem para ser quebrados.

E isso também foi muito conveniente para minha vida pessoal.

꽃

"A exceção sempre é definida como 'anomalia'. Não queremos acreditar nela, pois é ameaçadora" (Yusra Mukaddem). É inquestionável que livros "anômalos" como *Justine* me transformaram, e é inquestionável que foi para melhor. Tivesse eu tido (ainda posso ter) uma filha (meus dois filhos maravilhosos correm dos livros como o diabo da cruz), é praticamente certo que, quando ela fizesse 12 anos, eu lhe teria dado de presente todos esses volumes que abrem os olhos e dão uma sacudida na gente. Aliás, esse é um conselho que dou às mulheres que me pedem sugestões, por confundirem meu entusiasmo fervoroso com a sabedoria de um guru: livros, respondo a elas. Não tenham medo dos livros, nem dos mais dissidentes, dos aparentemente "imorais". Cultura é um investimento infalível na vida, seja ela superior, básica, eclética, pop, antiga ou moderna. E estou convencida de que a leitura é um dos mais importantes instrumentos de liberação que qualquer ser humano pode explorar, as mulheres árabes em particular. Não estou dizendo que é o ÚNICO instrumento, principalmente agora, com todas as formas alternativas — mais visuais, interativas e rápidas — de se chegar ao saber, ao aprendizado e ao crescimento. Mas como eu poderia não estar convencida do poder da literatura se ela foi meu primeiro meio de emancipação? E sei que não sou exceção, pois muitas outras mulheres árabes devem à literatura, como eu, os primórdios das mulheres atípicas que se tornaram depois.

Mas, nessa época, havia uma guerra. E essa é uma outra história.

## II
# Uma mulher árabe sem lugar no mundo

> A falta de uma visão clara do futuro é uma das questões mais trágicas que os árabes têm de enfrentar hoje.
>
> *Fatima Mernissi*
> Socióloga e escritora marroquina (1941-)

Todos os seres humanos têm fobias. A minha é bem especial. Não diz respeito a um animal, nem a um lugar. Nem a uma atividade ou a uma situação. Diz respeito a um som.

Minha fobia — acredite se quiser — é por um som: o som horrível de um assobio. Sempre que o ouço, ele me dá calafrios e meu coração dispara. Sempre que o ouço, mesmo hoje, olho para o horizonte em pânico, para ver de onde a bomba está vindo. Para ver, principalmente, se ela vai cair na minha cabeça, ou na cabeça dos meus entes queridos. Simboliza para mim a espera da morte. A aniquilação do futuro.

E aquele som terrível — por mais injusta que pareça essa declaração — resume Beirute para mim.

Não me lembro quantas vezes, enquanto crescia no Líbano, pensei: "Desprezo essa terra." Não sei quantas vezes eu disse: "Este país que se dane. Que se dane essa identidade homicida, que se dane essa geografia cruel, que se danem essas religiões repulsivas que põem um homem contra outro por causa de um Deus que não tem certeza de sua própria existência."

Não me lembro quantas vezes desejei, naqueles frequentes momentos de desespero e angústia, ter um coração *vazio* e sem peso, sem a carga extra do medo, da dor, do sofrimento, da decepção, do luto, do remorso, da frustração, da dúvida, do rancor, dos lamentos, da desconfiança...

Muita gente adora a própria infância e se lembra dela com prazer. Eu simplesmente detesto a minha e, exceto os livros inspiradores que a enriqueceram e a tornaram suportável, eu preferiria esquecê-la por completo. Não salvaria um único detalhe. É claro que não posso culpar a guerra por tudo: ela foi apenas um dos muitos elementos destrutivos e agressivos à minha volta. Mas não vamos cair naquela armadilha sedutora da autocomiseração. Não é meu estilo. Além disso, nenhum dos conflitos que presenciei e vivi conseguiu acabar comigo. Apesar disso, às vezes não consigo deixar de pensar o quanto nós, árabes (quer sejam palestinos, libaneses, iraquianos etc., você escolhe), seríamos diferentes hoje se não tivéssemos sido testemunhas de todas essas guerras medonhas.

Guerra é coisa de homem, dizem. Conclui-se daí que perder entes queridos seja coisa de mulher, suponho. Quanto mais serena, mais concentrada em suas próprias lutas pessoais não seria a mulher árabe de hoje se não tivesse sido obrigada, em tantos países, a exercer o papel de viúva ou órfã, de mãe ou irmã enlutada?

E eu, então? Quão menos viciada no perigo eu não seria hoje, pergunto-me, se não tivesse vivido o que vivi durante os meus primeiros anos? Se não tivesse visto, por exemplo, a perna de nosso vizinho Malcon ser arrancada de seu corpo? Se não tivesse visto homens da milícia amarrando inimigos em seus carros e arrastando-os como cachorros mortos pelas ruas de Beirute?

"O conflito é meu destino, tenho de aceitá-lo", dizia eu em voz alta na frente do espelho, repetindo a frase como um mantra para tentar me acalmar depois de um espetáculo desses, ou de uma explosão medonha, ou da notícia de um assassinato horrível. Cheguei até a acabar desfrutando masoquistamente o impacto hediondo dessa frase nos ouvidos, na pele, nos pulmões, no estômago, na pélvis etc. Acabei me acostumando à sinfonia do combate... Que coisa tétrica de se dizer, sentir e pensar... Mas, mesmo assim, é verdade. "Sou uma pessoa destruída pela guerra", digo hoje a meus amigos estrangeiros, na tentativa de brincar com o que é mais torturante dentro de mim. Depois de tantos anos de treino e alienação, eu me acostumei à sinfonia do combate, e me acostumei ao medo e à morte que a acompanham.

Acostumei-me a tudo isso, quer dizer, exceto ao assobio.

Sabe, fui atingida pelo raio fatal da célebre guerra civil libanesa quando eu tinha 4 anos e meio. Ela começou em 1975. No dia 13 de abril de 1975. "Domingo Negro", como é conhecido agora. Quando ouviram pela primeira vez as rajadas de tiros e as explosões naquele dia, meus pais acharam que eram fogos de artifício. "Talvez seja algum casamento chique", disse minha mãe, e continuou preparando o almoço de domingo. Mas não era um casamento chique. Era uma guerra, uma guerra que consumiu os melhores anos da minha infância e adolescência. Uma guerra que matou gente, destruiu casas, lares e famílias e se tornou uma fábrica de viúvas e órfãos. Uma guerra que fazia o tempo parecer pesado e denso, quase como barro. Uma guerra que me fez apodrecer por dentro, cheia de inseguranças e feridas infeccionadas que eu fazia — e ainda faço — de tudo para esconder (ou para conviver com elas).

E essas feridas são o preço de nascer, como eu, em Beirute.

"Fazer parte de algo maior tem de ser uma escolha, uma escolha aceita e renovada. É trabalho de uma vida inteira" (John O'Donohue). A essa altura, sinto necessidade de esclarecer que, mesmo tendo sido criada em Beirute, e mesmo que nunca a deixasse para viver no exterior, nunca senti que eu era parte dela como cidade, como lar. Talvez seja porque eu tenha visto seu lado feio, cruel, duro: a face da guerra, da destruição, da preocupação, da matança, da corrida para os abrigos. Não brinquei nas ruas; não andei pelas encostas de suas montanhas; e não vivi seu apogeu.

Foi só depois que fiz 17 anos, por exemplo, que fui pela primeira vez a Beirute Ocidental. Antes disso, ela era só uma imagem de cartão-postal, ou um lugar vago sobre o qual meus pais conversavam de vez em quando, nos momentos em que eram pegos pela nostalgia. Eles também falavam do Cinema Capitol, de Souk El Tawileh e outros lugares misteriosos com nomes que eu não conseguia ligar a nada. Minha Beirute não era a deles. Havia uma lacuna, um vazio. Nenhuma relação com nada, nenhuma construção. Poderia muito bem ser uma cidade de um outro país, com uma capital inteiramente diferente...

Portanto, Beirute não é minha mãe, nem minha amiga, nem uma companheira. Não há amor entre nós, nem mesmo cumplicidade. Não foi ela quem me deu à luz, e nenhuma das duas adotou a outra. Na verdade, essa distância, ou indiferença, não me incomoda nem um pouco e não sinto falta de nada em minha vida por causa disso, uma vez que não tenho raízes mesmo e gosto de pensar que meus pés estão nas nuvens. Minha verdadeira terra natal é alguns lugares que amo e onde me encontro, espalhados pelo mundo inteiro. Visito esses lugares, mas não vivo neles; é por isso que eles continuam me surpreendendo e não lhes faço exigência alguma. Essa é a minha versão pessoal do apego.

Quando olho para Beirute hoje em dia, vejo uma mulher que perdeu a identidade, presa no ciclo interminável das cirurgias plásticas, olhando-se constantemente no espelho em vez de olhar a própria alma, tentando recuperar uma parte de seu encanto, elegância e glórias do passado. Onde está seu coração? Não sei. Qual é o ritmo de seus batimentos? Também não sei. Agora tenho muito mais familiaridade com a cidade do que antes; mas, para ser franca, ainda há bairros que não conheço, e outros que me deixam atordoada quando adentro. Muitos de meus amigos que viveram aqui antes da guerra dizem que agora a cidade está artificial e falsa em sua maior parte. Não tenho condições de fazer esse tipo de comparação, porque não conheço a verdadeira identidade de Beirute. E chego até a me perguntar se Beirute tem identidade. Será que não é, como todos os lugares em que vivemos, o que sonhamos que ela é, um amálgama de nossas fantasias e desejos projetados?

Não tenho nenhuma afeição por Beirute, mas tenho, sim, uma certa empatia. Não sinto carinho, nem saudade ou nostalgia, talvez uma certa benevolência. Ela não me atrai, não vai me conquistar, e sinto que, no fundo, ela também não gosta de mim. Mas, se eu tivesse de escolher um lado dela de que eu gosto ou, para ser mais exata, uma parte que consigo suportar melhor que as outras, seria a sua face noturna. Gosto de sua escuridão, de seus ruídos, de sua entrega à liberdade, aos desejos e aos caprichos. Durante o dia, Beirute é um porre; mas, à noite, ela simplesmente lava o rosto com água e sabão e sai sem maquiagem e sem peruca. Durante o dia, Beirute é sobretudo comércio; mas, à noite, ela se torna uma mulher vulnerável, fica mais honesta e transparente e, por extensão, talvez um pouco mais próxima de sua essência e significado.

"O choque produzido pela guerra me obrigou a compreender, explorar e escrever sobre Beirute. Mas acredito que o que mais me preocupou antes de eu começar a escrever foi a seguinte pergunta: como falar de uma cidade que não se parece com aquela descrita nas histórias de nossos pais e avós? Que tipo de cidade posso retratar, enquanto estava vendo com meus próprios olhos a desintegração de seu sonho de modernidade em vários níveis?" (Alawiya Sobh). Ao contrário de muitos escritores libaneses, nunca senti pessoalmente a compulsão de escrever um livro sobre Beirute, ou inspirado nela. Às vezes meus leitores me perguntam por que não escrevo sobre a guerra em minha poesia.

Minha primeira reação é dizer que ainda não estou preparada.

Minha segunda reação é dizer que fico constrangida em me aproveitar da guerra para despertar interesse por meu texto.

E minha terceira (e melhor) reação é dizer: "Não procure a arma. As cicatrizes dizem tudo."

Na verdade, desde meus primeiros tempos com a escrita, sempre senti minha cidade como inimiga da inspiração. Ainda acho que tudo o que faço, tudo o que digo, tudo o que escrevo, faço, digo e escrevo "contra" a vontade dela. Nossas relações são corteses, adequadas e cordiais, no melhor dos casos, mas há uma vasta alienação entre nós. Beirute é a rainha das contradições. Beirute é a mártir e a puta. A mulher velada e a mulher emancipada. A mulher ambígua e a mulher transparente. A traiçoeira e a leal. A amante do dinheiro e a artista. A oriental e a ocidental. A sedutora e a peregrina...

É a cidade onde viver é parecido com representar um papel numa novela de TV;

onde você não consegue evitar sentir que está "dormindo com o inimigo" toda vez que vai para a cama. E que esse inimigo é você;

onde você tem mais chance de ganhar a vida como garçonete do que como escritora;

onde o único público com o qual você pode sonhar como escritora (mas sem contar com ele) é aquele constituído por seus colegas de ofício — que, obviamente, esperam que você lhes retribua o favor quando chegar a vez deles publicarem um novo título;

onde a anarquia é considerada ordem e a noção de honra está estreitamente ligada ao que existe entre as pernas de uma mulher;

onde todos os políticos estão sempre lutando pelo poder do mesmo jeito que as galinhas pelas migalhas de pão, mas quase nenhum deles está prestando atenção à necessidade de uma sociedade civil, instruída e consciente;

onde as autoridades religiosas ainda são as pessoas que têm a última palavra sobre as questões pessoais e públicas de todos os outros;

onde as mulheres não têm sequer o direito de transmitir sua nacionalidade aos filhos, quando se casam com um estrangeiro, entre muitas outras leis discriminadoras, mas que têm acesso a gordos empréstimos bancários para levantar os peitos e consertar o desenho do nariz;

onde os homossexuais têm de se esconder como se fossem portadores de uma doença contagiosa;

onde os filmes podem ser censurados num piscar de olhos quando tratam de temas "delicados", como sexo e religião;

onde não existe até hoje um museu que se preze de arte contemporânea;

onde faz muito mais sentido, para a maioria das mulheres jovens, fazer compras ou desperdiçar um dia inteiro torrando ao sol do que dedicar uma hora à leitura de algumas páginas de um bom livro (uma vez que poderiam fazer essas duas coisas ao mesmo tempo com a maior facilidade);

onde ainda se espera que moças "de boa família" estejam virgens na noite de núpcias;

onde os homens ainda procuram moças virgens "de boa família" para se casar;

onde muitas livrarias estão morrendo e vários editores lutam com unhas e dentes para sobreviver;

onde meu filho de 17 anos ainda aprende na escola que poesia significa uma série de frases românticas com rima no final;

onde meu filho de 10 anos tem mais interesse por Akon, 50 Cent e Tecktonik[2] do que por Chopin, Picasso e Victor Hugo, porque estes últimos são injustamente apresentados a ele da maneira mais tediosa possível...

Eu poderia falar interminavelmente sobre nossos defeitos, deficiências e infortúnios. Sei que isso pode surpreender muita gente, uma vez que Beirute tem fama de ser uma cidade árabe "diferente". Mais aberta, mais cosmopolita, mais igualitária. E Beirute é diferente, sim. Mas exagerar suas particularidades na região nos levaria a cair na armadilha do anticlichê: a armadilha de aceitar tudo, fazendo de conta que tudo vai perfeitamente bem no melhor dos mundos possíveis. Bom, não vai tudo bem, não. Muito pelo contrário: muitas coisas

---

[2] Marca francesa de roupa, que acabou se tornando o nome de um estilo de dança eletrônica. (*N. da E.*)

estão indo assustadoramente mal no nosso "admirável mundo novo".

Entendo que isso deve parecer muito duro e cruel, mas não posso me permitir criticar o mundo árabe sem criticar, ainda mais rigorosamente, meu próprio país, que faz parte dele. Além disso, estou convencida de que o patriotismo é a expressão de um romantismo ingênuo. E, por isso, é inaceitável para mim. O patriotismo cega. O patriotismo faz você se iludir. O patriotismo deixa você num estado de negatividade constante. Se não formos rigorosos na hora de criticarmos a nós mesmos, e na hora de tentar melhorar, não vamos poder alimentar expectativas. Infelizmente, acredito que a maioria dos libaneses tem um certo talento para não assumir responsabilidades. Quando não podemos culpar a guerra, culpamos a situação política. Quando não podemos culpar a situação política, culpamos as dívidas. Quando não podemos culpar as dívidas, culpamos as potências estrangeiras. Quando não podemos culpar as potências estrangeiras, culpamos as nações vizinhas. A única coisa que ainda não culpamos por nossas desgraças foi o clima, mas podemos chegar lá logo, logo, pois estamos ficando sem argumentos, e o aquecimento global parece um pretexto muito pertinente e muito sério.

É por isso que sinto que tudo o que faço, tudo o que digo, tudo o que escrevo, faço, digo e escrevo para derrotar essa mãe pérfida, para acabar com sua influência massacrante sobre mim. Como um monstro que precisa ser esfaqueado no meio do peito, para não continuar devorando mais um pedaço de mim todo dia, até não sobrar nada.

Eu certamente não gostaria de ter raízes num lugar como esse. E você?

※

Às vezes me fazem perguntas sobre questões de identidade e também sobre me sentir parte de algo maior, e o que essas coisas significam para mim. Bom, além do meu ceticismo em relação a todos os conceitos absolutos, em relação a palavras que parecem inventadas para ser escritas com maiúsculas, também acredito que, nessa vida, existe o "nós", e aí entra a visão que temos de nós. Minha visão de mim — ao menos a visão de que eu gosto, uma vez que tenho numerosas visões, e algumas delas são hediondas — é de alguém à deriva, sem âncora, sem raízes. Talvez seja por isso que tenho uma sensação mais forte de ser parte de lugares distantes do que jamais senti em relação à minha própria cidade natal. Como quando perambulo pelas ruas de Saint-Germain-des-Prés, em Paris. Ou quando contemplo os céus cambiantes de qualquer cidade italiana. Ou quando caminho à beira-mar em Cartagena, na Colômbia. A soma de todos esses lugares é que é a minha verdadeira terra natal. E ela sempre vai ser uma terra natal incompleta, com novas cidades e lugares sendo acrescentados a ela toda vez que eu descobrir uma nova identidade minha num local diferente. Certa vez uma amiga me perguntou:

— Qual é o seu lugar favorito no mundo?

Respondi, sem hesitar:

— Minha cabeça.

Portanto, talvez minha verdadeira cidade natal seja justamente... eu!

(E os braços do homem que amo, quando estou apaixonada.)

Sentir-se parte de um lugar? Ah, não, muito obrigada. Cresci num país que me odeia e que expressou esse ódio de muitas formas repulsivas. Não quero me sentir parte desse lugar. Não, eu realmente não me sinto parte de Beirute: só vivo aqui. A ideia de me sentir parte desse ventre monstruoso, assassino, me aterroriza. Um ventre que lhe dá a vida para roubá-la de você com as mais diferentes formas e técnicas sádicas. Sei que, como libanesa, e como árabe, sou produto desse ventre, mas não me dou bem com ele. De certa forma, ele me cuspiu fora e me deixou sozinha numa selva. Portanto, é natural para mim rejeitá-lo, tentar machucá-lo arranhando-o ferozmente com as unhas ou chutando forte com os pés.

꙰

"Tenho de ser cruel para ser justo. Aqui começa o mal. O pior está por vir" (Shakespeare, *Hamlet*). Não sou cruel com Beirute. É que meu avanço pela cidade foi, até agora, uma série estonteante de colisões e batidas. Mas tenho de reconhecer que ter sobrevivido nesta cidade (porque não se vive em Beirute; em Beirute se sobrevive) e ter sido inflexível no sentido de fazer e dizer as coisas à minha moda foram coisas que também moldaram a mulher que sou e me deram muita satisfação e um sentimento maravilhoso de plenitude. O lado bom dessa teimosia é o quanto meu pai, por exemplo — aquele mesmo pai que não me deixava sair de casa sozinha; que insistia em não ver em mim nada além de um anjo de candura; que, em vão, escondeu todos os livros que considerava perigosos e corruptores nas prateleiras mais altas da biblioteca —, o quanto esse pai agora, por mais estranho que pareça, me apoia monoliticamente no que sou, faço e digo. Não só me apoia, ele se orgulha de mim também. E me aprecia. Entusiasticamente. E me admira.

Sobreviver à guerra é um excelente processo de treinamento. Se não tivesse sido tão brutal, eu a recomendaria como um primoroso curso de iniciação à vida. Sinto que durante os anos de resistência, de trabalho árduo e perseverança, de determinação e convicção, de reivindicação de nosso direito de continuarmos vivos, de sermos livres e de sermos quem somos, de travar as grandes batalhas, e as pequenas também, nossa vontade realmente move montanhas.

No meu caso: vontade e poesia.

E poesia é, notadamente, uma outra história.

III

# Uma mulher árabe escreve poesia erótica

> Um mundo melhor não é possível sem a liberação das mentes, dos corpos e sobretudo da linguagem das mulheres.
> *Nawal Saadawi*
> Escritora, ativista e psiquiatra egípcia (1931-)

A primeira vez que usei a palavra pênis num poema, eu devia ter 25 ou 26 anos. Meu pai o leu (ele e minha mãe eram — e ainda são — meus leitores e fãs número 1) e não conseguiu deixar de ficar horrorizado.

— Como você pode escrever uma atrocidade dessas, e publicá-la com seu verdadeiro nome? — protestou ele. Seu tom de voz estava em algum ponto entre a incredulidade e a indignação. — Será que não dava para ter usado a palavra "coluna" em vez disso?

— Bom, pai — respondi —, para falar a verdade, já estou farta de colunas, pilares, canos, espadas, mangueiras e toda aquela orquestra infinita de metáforas fálicas. Estou escrevendo um poema em prosa sobre o pênis para uma revista de poesia, e quero chamá-lo pelo nome.

Só isso. (Só isso?)

Desnecessário dizer, meu querido pai escondeu a revista depois da publicação e rezou fervorosamente para que ninguém da família a visse e descobrisse minhas alucinações escandalosas.

Por que estou contando essa história? Não é porque o pênis seja necessário, um tópico maravilhoso sobre o qual escrever, óbvio. Meu principal motivo é sublinhar os estágios do meu progresso entre liberdade de pensamento para liberdade de expressão. Como você vai ver, esse progresso não aconteceu da noite para o dia, apesar do efeito catalisador do "Marquês e Cia." e de minhas predisposições "perversas" inatas. Embora eu soltasse as rédeas de minhas fantasias e meus pensamentos subvertidos e subversivos, sem culpa, descaradamente, na minha cabeça, precisei de um bom tempo para liberar minha linguagem do medo das palavras. Comecei a escrever aos 11 anos e mais de 15 se passaram antes de eu me atrever a expressar, em árabe, minhas verdadeiras ideias e convicções com segurança. Na verdade, quando leio hoje minha poesia da época "pré-pênis", sinto raiva, vergonha e náusea, porque essa época me faz lembrar que, em nossa cultura, as mulheres foram privadas de expressar seu corpo durante muito, muito tempo. Sinto raiva por causa da castração deliberada de que a língua árabe foi vítima e, por extensão, do meu uso dela. E envergonhada, e nauseada, pelo número de palavras e metáforas açucaradas que eu usava para esconder minha verdadeira identidade. Não é mera coincidência que meu primeiro livro de poesia tenha sido escrito em francês. Comecei escondendo-me covardemente atrás do francês para evitar enfrentar o árabe.

Sabe, a língua árabe orgulha-se da riqueza de suas alegorias, símbolos e sinônimos. Portanto, por que correr o risco de dizer "seio" quando você pode falar interminavelmente de colinas ou montanhas (dependendo do número do sutiã), de maçãs e peras (dependendo da forma da protuberância)? Por que ofender a sensibilidade do leitor mencionando o clitóris, quando você pode usar a imaginação e descrevê-lo como "a flor do paraíso" ou "o lábio do céu" ou — se você realmente tiver talento — "a maçaneta do vulcão"?

Não entenda mal o meu sarcasmo: adoro imagens. E elas fazem parte da poesia, claro. Mas estou convencida de que essa poesia também está em outra coisa: na força da mensagem que estou enviando. No ângulo do qual a estou enviando. E na tensão que ela gera e transmite.

Foi isso que descobri quando, certo dia, finalmente tive peito de dizer: chega. Quando finalmente me revoltei contra meu medo abjeto das palavras árabes (maligno como um câncer que lhe devora em silêncio). Quando finalmente me perguntei por que havia de concordar em ser tratada como menor de idade? Quem vai dizer quais são os meus limites como escritora a não ser eu mesma? Que critérios "de fora", externos, vão me permitir concluir se a dose de liberdade que empreguei é excessiva ou não? E, correndo o risco de ser considerada despudorada, insolente e provocadora (que foi exatamente o que aconteceu mais tarde), continuei escrevendo sobre o desejo, sobre orgasmos, quadris, homens, línguas, mamilos e/ou qualquer parte do corpo ou ideia ilícita que eu precisava citar em meu texto.

E, desde esse dia, o corpo e o erotismo passaram a ser minha maior fonte de inspiração.

※

"Só há duas opções: ou a Palavra exaure o Erotismo, ou o Erotismo exaure a palavra" (Georges Bataille).

"Por que Erotismo? Por que o Corpo?" são perguntas que me fazem com frequência. E minha única resposta a elas é outra pergunta: são os escritores que escolhem os temas, ou são os temas que escolhem os escritores?

Eu, pessoalmente, estou convencida de que a segunda é a resposta certa.

Por que o Corpo, então? Simplesmente porque o corpo é uma parte integrante do meu ser, inseparável da minha alma e da minha mente, e é o templo de todas as minhas experiências e o terreno no qual levo minha vida. É a Terra que dá as boas-vindas e recebe em seu ventre as paixões e as ideias, o sol e a lua, os medos e os sonhos, a chuva e o vento, os rios e os pássaros e as pessoas. A vida, como eu, é fisiológica, física, instintiva, experiência sensorial, tanto quanto é também experiência emocional, psicológica e intelectual. E escrever também. Para mim, tudo é palpável e pode ser tocado: palavras, pensamentos, emoções, o inconsciente, a imaginação, o amor etc. Se escrevo sobre o corpo e o sexo, sobre meus desejos e minhas necessidades, não o faço para excitar os leitores, como me acusa o machismo de alguns críticos árabes, mas para ser fiel ao que vivo internamente, e ao que me preocupa.

Não separo a substância da minha vida da substância do que escrevo: toda experiência que vivo é um texto em potencial (já escrito, ou a ser escrito), e tudo o que escrevo é uma experiência de vida em potencial (já vivida, ou a ser vivida). Quando escrevo, sinto como se escrevesse com o corpo todo, e no meu corpo todo, com as unhas se projetando para fora dele, e que as palavras estão irrompendo dos meus poros e sendo gravadas na minha pele. É uma caçada brutal, violenta, sangrenta, tanto quanto é delicada, contemplativa. É assim também que leio, e amo: as palavras e os sentimentos ecoam em minha carne tão intensamente quanto na minha mente consciente e inconsciente. Na minha vida cotidiana, a parte mais íntima do meu espírito não está separada da parte mais íntima do meu corpo: cada uma delas é uma face da outra, uma parte gêmea, um cúmplice num crime.

Mas a mesma pergunta continua me sendo feita: por que o Corpo?

"E por que não o inferno?", retruco. E por que a necessidade de explicações e justificativas? Sei que essa polêmica pode parecer sem sentido e supérflua, até mesmo *dépassé*, aos olhos de muitos ocidentais, uma vez que agora, no Ocidente, mais de mil autores, homens e mulheres igualmente, exploram o reino e os processos da escrita erótica e, para eles, essa exploração parece absolutamente prosaica. Mas, infelizmente, não é assim no mundo árabe, um mundo onde são impostos tributos pesados à liberdade de expressão, principalmente à das mulheres, e onde muita gente ainda fala de pureza e virtude da literatura, como se ela tivesse uma missão moral qualquer!

Se essa pretensão fizesse realmente sentido, o que seria de Céline, Pound ou Genet? O que seria de Sade, Nabokov, Bataille, Calaferte, Nin e Miller, e as centenas e até milhares de escritores que violaram — e ainda violam —, felizmente, regras e convenções do politicamente correto, sem hesitar um segundo? A verdadeira inocência é ser honesto consigo mesmo e com o outro, e eu acho escrever sobre sexo uma coisa absolutamente natural, instintiva, normal e lógica, tanto que detesto todas as perguntas, o espanto, a curiosidade (ou, em especial, a condenação) sobre o assunto. Nos dias em que estou bem, tento ser compreensiva, perdoar, elevar-me acima dessas coisas, atribuindo essa reação "anormal" à nossa sociedade hipócrita e a seu hábito de enfiar a cabeça na areia (somos um híbrido estranho de pavão com avestruz). Mas confesso que compreender, perdoar e elevar-me acima dessas coisas é difícil o tempo todo, principalmente com um temperamento como o meu; mais ainda quando se trata de enfrentar a covardia, a dissimulação e os códigos morais duplos de nosso alegre mundo árabe.

Alguns árabes falam da missão virtuosa da literatura, mas negam aos escritores a liberdade de expressão. Existe sacanagem maior do que privar um(a) autor(a) de suas palavras?

Vamos dar nome aos bois: toda censura é um ESTUPRO.

O que me leva à necessidade de entrar em detalhes sobre outro fato pertinente: como já disse, todas as leis morais duplas, toda a privação, toda a frustração e todas as limitações que eu e muitos outros escritores árabes presenciamos, no passado e no presente, aplicam-se às mulheres de forma muito mais tirânica do que aos homens. Em muitos casos, nem se aplicam aos homens. Pois, em nosso querido mundo árabe, os homens podem falar praticamente sem reservas sobre sua genitália (para não falar em usá-la praticamente sem reservas também). E, de quebra, ainda podem falar sobre a genitália feminina. Mas a mulher tem de se contentar em ser o feliz "receptáculo" das palavras masculinas, o sujeito passivo dos textos escritos pelos homens. Pois ela não nasceu para se expressar. E sim para SER expressa. O filósofo francês Michel Onfray escreveu em seu livro *A potência de existir*: "Quando a literatura produzir a contrapartida de uma mulher Casanova, e quando esse nome se tornar uma definição positiva da pessoa retratada, então, e só então, poderemos falar de uma paridade real entre homens e mulheres." Não acredito que Onfray quisesse dizer com isso que, a fim de se tornarem iguais aos homens, as mulheres precisam viver sua sexualidade de uma forma banal como fazia o pobre Casanova. A solução não é, com certeza, as mulheres caírem na armadilha de trocar a qualidade pela quantidade. É evidente que ele estava falando das diferentes conotações que uma descrição pode ter e transmitir se levarmos em conta as discriminações de gênero. E, nesse sentido, suas palavras servem perfeitamente bem de carapuça aos círculos masculinos (e também femininos) de críticos árabes.

Na verdade, nossos críticos geralmente usam a palavra "ousada" para definir exclusivamente as escritoras mulheres:

quando uma mulher comete uma transgressão, ela é "ousada". Quando um homem comete uma transgressão em geral é porque ele está "examinando todos os aspectos da vida com seu texto". Quando uma mulher escreve sobre sexo, entre outras coisas, está fadada a ser definida como "escritora erótica" (não que eu me sinta particularmente incomodada com o rótulo; o que me incomoda é o estigma discriminador que ele tem nessa parte do mundo que nos toca). Quando um homem escreve sobre o mesmíssimo assunto, é apenas um tópico como outro qualquer, completamente normal.

Mas esses textos SÃO realmente normais, quer assinados por "ele" quer por "ela". E isso devia estar bem claro. Quando é que nós, do mundo árabe, vamos parar de discutir o corpo e o sexo com metáforas penosamente floreadas, ou com clichês horrorosos? Fico pasma, por exemplo, com as traduções árabes de filmes ocidentais. O par romântico Julia Roberts e Richard Gere não "transam", "passam a noite juntos". E a linda Charlize Theron não conta à amiga que cobriu o amante de beijos, e sim que "saiu" com ele. E quanto àquele *voyeur* do Brad Pitt, ele não vê a Angelina Jolie nua, e sim "*au naturel*". E é bom lembrar que Sophie Marceau não tem seios divinos, mas "curvas" geográficas. Em síntese: inumeráveis formas covardes de distorcer os fatos; uma reformatação tragicômica das palavras; e uma dissociação patética entre o original e a tradução.

Por conseguinte, minha próxima questão é o cerne do tema deste livro. Porque perguntar "o que significa ser uma mulher árabe?" significa que também somos obrigados a perguntar "o que significa ser mulher e escritora num país árabe?". Ou, em termos mais controvertidos ainda, "o que significa ser mulher e escritora que escreve sem fazer concessões num país árabe?"

※

Ser mulher e escritora num país árabe significa, claro, sofrer "blecautes" e ser subestimada, e ser marginalizada, quer de forma involuntária, quer de forma sistemática, por homens e mulheres, ou por ambos.

Ser mulher e escritora num país árabe significa que você precisa ser bem esperta e escorregadia, mostrar um pouco aqui e mascarar um pouco ali.

Ser mulher e escritora num país árabe significa, para muitas — mas não para todas, felizmente —, escrever em código, de modo que, por exemplo, um amante torna-se "um bom amigo" e um pai estuprador seria o pai "da pobre menininha que mora ao lado".

Ser mulher e escritora num país árabe significa enfrentar, muitas vezes, a desconfiança insultante de que há um homem por trás de você que escreve o que você publica com seu nome.

Ser mulher e escritora num país árabe significa impor a si mesma uma autocensura rigorosa, mil vezes pior do que qualquer censura oficial de fora.

Ser mulher e escritora num país árabe significa planejar meticulosamente e movimentar-se com astúcia nos círculos sociais certos, bem-vestida e cheia de palavras doces.

Quanto a ser mulher e escritora que escreve sem fazer concessões num país árabe, isso significa ser, para coroar, atrevida, rude e corajosa. Significa estar preparada para enfrentar "o escândalo".

Não é fácil ser mulher e escritora que escreve sem fazer concessões num país árabe. Não é fácil tirar a roupa, peça por peça, na frente de estranhos. Não é fácil expor suas ideias, sua vida, seus erros, seus malogros e suas confissões aos outros, quando esses estranhos não são apenas leitores, mas também "juízes" implacáveis de sua pessoa. Não é fácil encarar o monstro do preconceito e do constrangimento, e provar, a despeito desse monstro aterrorizante, a capacidade que você tem de expressar seu eu profundo: seu eu com toda a sua força, e também com todas as suas fraquezas, com suas decepções e com suas esperanças, com sua beleza e com sua feiura, com suas altitudes e suas profundezas, com sua nobreza cintilante e sua vulgaridade.

Não, não é mesmo nada fácil ser mulher e escritora que escreve sem fazer concessões num país árabe. E é por isso que toda mulher escritora é alvo de um dilúvio de acusações patriarcais. Quantas vezes, por exemplo, cenas picantes de sexo num romance escrito por uma mulher não se tornaram pretexto para denegrir e espalhar boatos sobre a vida e as aventuras sexuais dessa mulher?

E essa mulher merece ser notada, ouvida e reconhecida, pois não é nada simples, nem indolor, ser essa mulher. E há de fato muitas desse calibre em nossa cultura e em nossa língua. É por isso que é triste que a maior parte do interesse ocidental por nossos livros, por exemplo, não seja bem canalizada e prefira textos melodramáticos, sensacionalistas ou equivocados, em vez da verdadeira literatura, uma literatura que consiga expressar a verdade interior do ser humano, seja ele quem for, por ser representante da verdade universal.

Pode parecer que estou colocando a literatura subversiva/erótica acima de todos os outros gêneros, e esse não é, de verdade, o meu objetivo. Mas uma escritora que produz literatura erótica/explícita no mundo árabe exige liberdade por esta ser uma necessidade vital, ao contrário de muitos árabes que a consideram artigo de luxo. A liberdade é uma necessidade: a liberdade de escrever sem ambiguidades, tanto quanto a liberdade de só sugerir; a liberdade de chocar, tanto quanto de não chocar; em síntese: o direito de ESCOLHA. Decidir sozinha o que você quer dizer, viver, sentir, fazer. Nada é mais importante no plano intelectual, nem no plano pessoal. É dessa liberdade que trata a poesia.

Falar sobre a relação entre poesia e liberdade e ir além do debate sobre o texto erótico, sobre ser uma poetisa, enfim, é uma coisa complicada por definição, para dizer o mínimo. Fazemos parte de uma espécie em extinção e que não é a mais bem equipada para uma vida sem riscos no planeta Terra. E não pense que estou concordando com aquele clichê, segundo o qual "você não tem condições de escrever poesia se não levar uma vida desgraçada". Muito pelo contrário. Sou uma epicurista frustrada que quer ser feliz de verdade. Só não sei como. (Por falar nisso, você sabe? RSVP!)

Isso posto, ser uma poetisa árabe é uma identidade quase impossível de manter. Por quê? Só porque, para coroar todos os impedimentos supracitados, somos vítimas de um índice de leitura catastrófico. Vou deixar os números falarem por si. Segundo estatísticas recentes,[3] vivo numa região onde menos de 0,1% de seus 270 milhões de habitantes sabe ler; onde reles 40% desse deprimente 0,1% lê livros; e onde 9% dos 40% do 0,1% inicial realmente lê poesia...

Faça as contas: o que nos deixa, segundo minha modesta capacidade de cálculo, com 9.720 leitores de poesia num imenso mundo árabe que declara "orgulhosamente" ter mais de 20 mil poetas! Você não acha uma ironia? Bom, você não vai ver nenhum de nós, poetas e poetisas árabes, rindo. Portanto, como é que a gente fica? Essa situação nos deixa confinadas a um círculo, a um círculo sufocantemente pequeno. Acrescente a isso a dificuldade de encontrar um editor local, tempere tudo com a total falta de esperança de ser traduzido para outra língua, use como molho os ares de superioridade das pessoas em relação aos escritores em geral, e em relação aos poetas em particular, e pronto: você tem um inferno poético cinco estrelas! Foram tantos os dias em que acordei sentindo minha língua estrangulada, pendurada numa corda, inútil...

---

[3] *The First Arab Report on Cultural Development,* publicado pela Arab Thought Foundation, Mu'assasat al-Fikr al-'Arabi, 2008, em árabe.

Por que raios, então, escrevo poesia? Por que não escrever só romances, como tanta gente pergunta? Porque "a poesia é a prova de que só a vida não é o bastante", declarou Fernando Pessoa certa vez. Porque a poesia é uma URGÊNCIA, uma história intensa e passional sem preliminares, perfeita para minha alma impaciente. Porque é um combate singular interminável entre mim e eu. Porque me ajuda a me dar conta de que estou viva. Porque é uma multiplicação da vida. Porque é a minha carne do jeito que gosto dela: sem a proteção da pele.

No entanto, os fatos da dura realidade são os seguintes:
"Os árabes leem um quarto de página por ano."[4]
"A poesia representa apenas 0,2% do mercado editorial europeu."[5]
"Em geral, quem lê poesia são os velhos."[6]
Esses e outros comentários fatais não param de ecoar impiedosamente em minha cabeça. Mas para que servem os números, afinal?
Não escrevo poesia para estar na moda. Não escrevo poesia para ser reconhecida. E certamente não escrevo poesia para ser famosa.
Escrevo poesia para ser livre.
E isso, para mim, sempre vai ser a razão crucial, e a mais aterrorizante de todas.

---

[4] Ibid.
[5] Sebastian Dubois, "La poésie en Europe", 2003.
[6] http://www.guardian.co.uk/uk/2006/jan/29/poetry. books.

"Não importa quanto progresso já houve, ainda há um mundo para as mulheres que é tabu. E neste mundo está sua liberdade" (Zaha Hadid). Na verdade, o título do primeiro poema que escrevi na vida, aos 12 anos, era "Ma liberté".[7] Alguns acham que é mera coincidência. Prefiro achar que foi destino. E todos sabemos que entre coincidência e destino há uma grande diferença.

Descobri essa diferença quando fundei minha revista, *JASAD* (que significa "corpo" em árabe).

Mas essa também é outra história.

---

[7] http://www.guardian.co.uk/uk/2006/jan/29/poetry.books.

## IV

# Uma mulher árabe funda uma revista sobre o corpo

> Nunca fui eu mesma,
> Nunca tive um nome,
> Mas corri para meu corpo e lhe dei um nome
> E, na fronteira da perdição, gritei:
> Me salva, meu "eu"...
> *Maysoun Saqr Al Qasimi*
> Poetisa dos Emirados Árabes (1959-)

Será que sou louca?

Faço essa pergunta a mim mesma com frequência, com toda a racionalidade e a ironia de que sou capaz. Para ser franca, a resposta é que eu bem que poderia ser: não tenho certeza. Não tenho certeza sequer de que é tão ruim assim ser louca, no sentido excêntrico, ousado, não convencional do termo. Mas tenho certeza, por outro lado, de que sou obstinada, às vezes num grau absurdo (alguns diriam estúpido). Também aprendi a enfrentar a controvérsia, em função dos meus textos e ideias. E, mesmo não acreditando nem apreciando a lógica do "choco, logo existo", e não sendo a provocação e seus efeitos colaterais coisas de que eu goste particularmente, ainda assim me sinto capaz de encará-las, quando necessário.

E isso se tornou cada vez mais necessário depois do nascimento de *JASAD*.

Comecei a pensar em fundar meu próprio negócio editorial em 2006. Sendo escritora e jornalista, logo ficou evidente para mim que seria perfeito se eu tivesse uma pequena editora, e comecei a publicar uma revista cultural. Mas não uma revista cultural qualquer. Eu estava querendo algo diferente, forte e necessário. Não demorou para o eixo do Corpo se impor, por duas razões principais: em primeiro lugar, o corpo é o universo preferido de minha linguagem poética. É tanto minha paixão quanto minha ferramenta. Em segundo lugar, eu estava me sentindo cada vez mais frustrada pelo fato de nossa bela língua árabe ter sido injustamente privada de uma parte importante de seu vocabulário e imaginação potencial. A maioria dos temas relativos ao corpo passou a ser tabu em nossa história recente, ao passo que nossa antiga herança literária está cheia de palavras que fariam corar até os ocidentais mais liberados. Era um absurdo, para dizer o mínimo.

Foi por isso que comecei, nos primeiros dias de 2007, a conceber a revista *JASAD* no pequeno escritório que tinha em minha casa em Jounieh (uma cidade litorânea na periferia de Beirute), sentada incansavelmente por horas a fio na frente do meu laptop. "Você deve estar doida" foi uma frase que logo se tornou familiar, pois foi praticamente a única coisa que ouvi sempre que contava a ideia do meu projeto a alguma amiga íntima ou a um membro da família. "Não é o lugar, nem o momento", diziam-me todos repetidamente. Até o advogado, cuja função era definir o quadro de referências jurídicas da minha companhia e conseguir para mim a permissão de publicar livros e produtos afins, estava com medo das consequências da empreitada. Mas meu único pensamento era: "Bom, não cabe a nós inventar o momento certo? Qual o nosso mérito se só ficamos esperando o momento certo chegar?"

Foi por isso que não fiquei chocada quando, assim que a fundação de *JASAD* foi anunciada em alguns periódicos árabes no outono de 2008, tive de enfrentar algumas reações estranhas, a maioria delas vindas por e-mail, algumas por artigos da mídia e várias por meio de indivíduos "bem-intencionados" que me passavam sermão declarando que era para o meu bem.

    A essa altura, eu gostaria de apresentar a você o amplo leque de adjetivos e epítetos associados a meu nome por causa de *JASAD*: imoral, dissoluta, antiética, pecadora, debochada, corrupta e corruptora, depravada, decadente, criminosa, perversa, inescrupulosa, desonesta e anormal.

    E também ouvi frases venenosas e ameaçadoras do tipo: "Você merece morrer apedrejada." "Você vai torrar no inferno." "Você devia ter vergonha na cara." "Como se atreve?" "Você está corrompendo nossa juventude." "Deus vai te castigar." "Cuspimos na sua cara." "Rezamos para que alguém jogue ácido em você..." (esta última, reconheço, foi causa de pesadelos aterrorizantes por duas semanas consecutivas).

Se estivéssemos vivendo na era da caça às bruxas, eu muito certamente seria estrangulada, esfaqueada, enforcada, queimada e afogada, tudo ao mesmo tempo.

§●

Mas, por mais estranho que pareça, apesar da violência assustadora de algumas reações, fiquei invulnerável e completamente imune a quase todos esses ataques.

Fiquei imune por três razões, sendo as duas primeiras pessoais e a terceira circunstancial.

A primeira razão de minha imunidade é que sou daquele tipo de pessoa que se recusa a se deixar intimidar. Sei bem que pode parecer autoelogio, mas vou dizer assim mesmo: descobri que a minha pele delicada, ao contrário do que parece, consegue sobreviver a tapas e socos. Não estou querendo dizer que sou invencível, ou convencida, e sim que sou apenas uma das muitas mulheres que gostam de tomar caminhos difíceis, que pouca gente trilhou, e de ir na direção do horizonte aberto, tanto na vida quanto na literatura, mesmo que o custo dessas opções seja alto.

A segunda razão que me manteve imune é que sempre desprezei a unanimidade; para mim, unanimidade significa mentalidade de rebanho. A pessoa que cultiva o consenso não tem cor, não tem gosto, não tem cheiro. Não precisamos de uma corte obsequiosa para nos sentirmos seguros. Não precisamos agradar a TODOS os outros para ficarmos satisfeitos com nós mesmos. Os inimigos são inevitáveis (alguns dizem que são necessários); pois que seja. Isso não significa necessariamente que temos de desafiar a ordem estabelecida gratuitamente, pois ser diferente só por ser diferente é um folclore bobo. E também não devemos cultivar o ódio e a inveja sem razão. Isso significa que temos de ser mulheres multifacetadas, não fotocópias de outras; mulheres com suas próprias opiniões pessoais, seus próprios pensamentos, seus próprios valores.

Quanto à terceira razão de minha invulnerabilidade, ela é, sem dúvida, o apoio que tenho tido de duas pessoas-chave que estavam no governo quando *JASAD* foi lançada: Tarek Mitri, nessa época ministro da Informação, e Ziad Baroud, então ministro do Interior; ambos intelectuais admirados e instruídos, seres humanos abertos que respeitam e lutam pela liberdade de pensamento e de expressão. Foi uma feliz coincidência a revista ter nascido em condições políticas tão auspiciosas, num país onde a mediocridade é o traço característico de quem está no poder. É óbvio que ambos os ministros receberam inúmeras queixas e enfrentaram pressões tanto de personalidades e de instituições religiosas quanto laicas para fechar a revista. Mas resistiram. E, por isso — estou me referindo ao fato de ambos terem feito a coisa decente que toda pessoa que está no poder *deve* fazer —, tenho com eles uma dívida enorme de gratidão e respeito. Não é fácil quando você tem de enfrentar diariamente radicais xiitas, radicais sunitas e a Igreja, para citar apenas algumas peças de nosso mosaico religioso. Portanto, em resumo, digo a ambos: *Parabéns!*

"O que escondo com a linguagem, meu corpo fala", escreveu Roland Barthes em *Fragmentos de um discurso amoroso*. Mas lá estava eu, falando com minha linguagem o que meu corpo recebeu ordens de esconder, imune às reações hostis a *JASAD*. Também não fiquei surpresa com elas, porque era exatamente o tipo de reação que eu tinha esperado a uma publicação voltada para "as literaturas, as ciências e as artes do Corpo" no mundo árabe. E, para piorar as coisas, a revista é em árabe. E, como se isso não bastasse, foi fundada por uma mulher, que também é a editora-chefe, uma mulher conhecida por ter desafiado uma ou duas normas.

A essa altura, eu gostaria de observar que *JASAD* não é uma revista pornográfica, como muitos árabes a classificaram. Não sou o Hugh Hefner do mundo árabe. Mas a revista não se defende da acusação de ser pornográfica por mera formalidade, ou por causa de uma mentalidade puritana. Não mesmo. No Líbano, e em outros países árabes, convivemos com uma quantidade mais que suficiente de pornografia da variante política, social, artística, cultural, mental, intelectual e moral, e não precisamos temer o tipo mais inofensivo de todos.

Mas o principal objetivo de *JASAD* não é ajudar os homens a ejacular quando se masturbam, e sim investigar intelectualmente a consciência do corpo, e sua inconsciência também. E essa investigação é feita por meio de meditação, de mergulhos profundos, de experimentação, de rebelião, de acordar, de dormir, de sonhar, de ter visões, de alucinar, de escrever, de esculpir, de desenhar e de dançar e é assim que *JASAD* pretende criar um corpo cultural para nossos corpos árabes.

De modo que eu não esperava uma salva de palmas pública para *JASAD*. Por outro lado, sou profundamente grata ao apoio e ao estímulo que muitos leitores me deram. Desprezo e critico pessoas que se fazem de vítima (um dos muitos traços humanos desagradáveis que os árabes parecem ter em abundância), e não sou uma delas. Tanto quanto fui atacada e insultada, fui elogiada e incentivada. Fazer queixas não é uma opção.

Além disso, não posso fazer de conta de que não sabia o que me esperava. Certamente não imaginei nem por um momento que o grande público ia se apropriar da ideia dessa revista e adotá-la. Como esperar uma coisa dessas em nossa cultura — ou, melhor dizendo, em nossas variadas e contraditórias culturas árabes? Culturas que não se distinguem, infelizmente, por nada além da perpetuação e da promoção da inferioridade, da hipocrisia, da degradação... e da censura.

Ah! O famoso anjo negro que ameaça nosso Triângulo das Bermudas: sexo, religião e política. Não tivesse sido tão sádico às vezes, eu quase teria tido pena dele.

Pois o que a censura espera realmente conseguir quando a proibição de um livro garante sua notoriedade e êxito por toda a parte?

Por que impor a censura numa era em que, apertando um botão, podemos obter todas as informações de que precisamos e de que não precisamos?

A censura devia ser furtiva e imperceptível, mas é inacreditavelmente estúpida em nosso mundo árabe.

A censura devia ser avançada, mas é inacreditavelmente primitiva em nosso mundo árabe.

As instituições culturais árabes afirmam que a censura protege os valores culturais, mas ela só protege as culturas tacanhas: as culturas da mentira, do raciocínio atrasado e da Idade das Trevas. Essas instituições afirmam ser transparentes e modernas; mas, na realidade, estão cobertas por grossas camadas de poeira: a poeira das mentiras, da falsidade e da regressão.

É a crise da mentalidade árabe, oficial e institucional — e até da mentalidade oficiosa e que não tem nada a ver com as instituições — que deseja que tudo no mundo árabe seja reacionário, infantil e obscurantista. É o poder da religião, o poder do Estado, o poder da sociedade, o poder da tribo, o poder da família, o poder do terrorismo e o poder dos tabus que se apodera de suas vítimas.

A mentalidade árabe está em crise. E, por causa disso, quer que todos entrem em crise com ela. Quer garantir que não seja feita nenhuma pergunta que incomode o *status quo*. A mentalidade árabe não suporta perguntas, porque as perguntas podem incomodar e perturbar a calma sombria do pântano.

E é por isso que ouvimos árabes falando e se queixando do mal-entendido com que o Outro nos confronta, embora não façam nada além de agravar esse mal-entendido, dando-lhe desculpas e pretextos, levando o Ocidente a fazer generalizações — algumas racistas — sobre a cultura e a civilização árabe.

"Censure o corpo que você censura a respiração e a fala ao mesmo tempo. O corpo tem de ser ouvido" (Hélène Cixous).

Como é que nós, árabes, vamos sobreviver a esse mundo aterrorizante, cheio de tentações repulsivas, sem os censores para nos salvar? Como poderíamos ser os santos que todos somos, e os profetas que também somos, sem esses olhos protetores de Big Brother? Na verdade, a maior parte dos habitantes de nossos felizes países árabes são etéreos e espectrais: seres imateriais que, de alguma forma, nascem e crescem sem corpos, e também sem órgãos sexuais, necessidades, fantasias, vícios ou transgressões, e sem hábitos secretos — ou públicos — indecorosos.

A maioria dos habitantes de nossas alegres repúblicas e reinos árabes são zelosos a respeito de uma coisa ou outra.

Vamos lá, vamos ouvir juntas essas facções zelosas:

Há a facção que defende o conservadorismo e é fervorosa — só aparentemente, sim, mas com a força de toda a depravação — em relação aos conceitos de castidade e pureza. Esses indivíduos são zelosos na hora de preservar os hímens dos olhos, do nariz, da garganta, da linguagem, da imaginação e dos sonhos, e de qualquer outra coisa que possam sonhar em proteger. Essas membranas frágeis e sensíveis parecem manter, por si sós, a distância de nossa honra em relação à lama, à afronta, ao insulto e à ameaça de ser rasgada por qualquer tipo de penetração obscena. Mas, como alguém que varre a poeira para baixo do tapete para se sentir seguro e acaba acreditando na ilusão dessa limpeza de mentira, esses conservadores começaram a pensar que a ilusão é a verdade.

Depois vem a facção dos pessimistas, conhecidos simbolicamente em árabe como *urubus* ou *corvos*. Esses fanáticos concentram-se principalmente em qualquer iniciativa que pretenda revigorar as águas estagnadas do pântano, satisfazendo sua necessidade aparentemente eterna de fazer soar o dobre de finados antes mesmo da iniciativa ter nascido. Sua filosofia flácida é confirmada pelo crocitar incessante do mesmo velho refrão de sempre: "É tudo inútil, para que se dar ao trabalho?"

E depois vêm os sabotadores zelosos, com seu instinto biológico de pôr uma chave de fenda no meio das engrenagens. Fazem o possível para que tudo o que vence sua paralisia e que se levanta e anda sem as suas bênçãos tropece e caia de novo no chão.

E, por fim, mas certamente não menos importante, vem a facção cuspideira, cujos adeptos são muito zelosos no tocante à sua compulsão de espalhar veneno. Fazem isso com a desculpa de estarem preocupados com *o bem-estar pessoal* e em nome da *boa reputação* e com qualquer outro pretexto igualmente verossímil que puderem encontrar...

Você está achando minhas afirmações teóricas demais? Vou ser mais explícita e direta, então. Em resumo, é assim que a maioria de nós, árabes, é:

Aplaudimos os nus de Robert Mapplethorpe, Man Ray e Spencer Tunick, mas quando uma arte erótica semelhante, produzida por artistas árabes, é publicada numa revista cultural árabe, assumimos um ar de superioridade e dizemos que é pornografia;

Exultamos com a grandeza de Henry Miller, Anaïs Nin e Vladimir Nabokov, para citar só alguns, como exemplos de escritores que romperam tabus com a maior elegância. Nós os aplaudimos tanto que é quase impossível encontrar uma entrevista com um escritor árabe que não mencione um deles, que não os elogie e que não branda seu nome como uma "influência literária crucial". Mas, quando uma revista cultural árabe publica poemas, contos e textos de escritores árabes que cultivam o gênero literário do erotismo, nós a tachamos de decadente;

Comemoramos, com toda a pompa e circunstância, a genialidade de Picasso, Balthus e Courbet, e de seus precursores e descendentes. Mas, por outro lado, pinturas semelhantes feitas por artistas árabes, mostradas numa revista cultural árabe, são injuriadas por seus valores morais corruptos;

Gritamos "Parabéns!" para o diretor de cinema japonês Nagashi Oshima (*O império dos sentidos*), para o italiano Bernardo Bertolucci (*Último tango em Paris*) e para o polonês-americano-francês Roman Polanski (*Lua de fel*), e para outros diretores estrangeiros que penetraram no proibido — e continuam penetrando — com grande coragem e talento. Mas chamamos de depravação a discussão desses tipos de filme numa revista cultural árabe.

E por aí vai. Falar sobre extirpação do clitóris e circuncisão é tabu. Falar sobre a vida gay? Tabu. Sobre rituais perigosos de automutilação? Tabu. Sobre como os complexos psicológicos afetam a identidade de gênero? Tabu. Sobre as relações entre a dimensão social do corpo e o olhar? Tabu. Sobre práticas fetichistas? Tabu. Sobre a experiência subjetiva de nosso reflexo no espelho? Tabu. Sobre a questão da orientação sexual? Tabu. Sobre as perspectivas críticas do romance contemporâneo sobre sexo? Tabu. Sobre as visões do desejo? Tabu. Sobre o corpo masculino, preso entre estar escondido e estar ausente? Tabu. Sobre momentos orgásticos na prática sufi? Tabu.

É assim que nós, a maioria dos árabes, somos: "Queremos uma coisa e cuspimos nela", como diz o famoso provérbio libanês. Pensamos constante e obsessivamente em sexo, mas não ousamos falar a respeito. Livramo-nos com uma das mãos da chamada abominação, e depois praticamos o deboche intelectual, que é muito pior, com a outra. Uma nação árabe esquizofrênica e unificada, cuja vasta maioria se mantém unida por trás de uma constituição de ignorância, hipocrisia, atraso, depravação, mentiras, e da arte de se esconder atrás de uma tela ridícula e sumária.

Desnecessário dizer que não me sinto só irritada com essas reações: também me sinto insultada e envergonhada; envergonhada de meu país e de minha cultura ou, melhor dizendo, para ser precisa e justa, daquilo que eles se tornaram sob o encanto maligno do extremismo religioso e dos regimes políticos obscurantistas/repressivos; envergonhada porque eu, sendo uma intelectual e vivendo aqui, nesse lugar sem esperanças, nesse momento sem esperanças de nossa história, estou me submetendo a essa humilhação e aceitando essas doses diárias de ameaças e restrições à minha liberdade de expressão; e envergonhada por nossas hipocrisias e valores morais duplos, que estão obrigando a mim e a muitos outros a lutar pelo que deviam ser simples direitos nossos como seres humanos.

Alguns amigos me dizem que eu devia me considerar uma pessoa de sorte. Que eu devia estar agradecida pelo fato de minha revista ainda não ter sido censurada ou proibida. Agradecida?! Por que deveria agradecer por algo que me é devido? Por que deveria agradecer a quem quer que seja por me garantir o que considero ponto pacífico? Quem são essas pessoas para decidir o que podemos ou não podemos dizer, o que podemos ou não podemos imprimir, ou o que podemos ou não podemos mostrar? Quem e o que lhes deu o direito de optar em nosso nome? Se não gostam da revista, basta não comprá-la. Respeito seu direito de não gostar dela, mas exijo o mesmo respeito por meu direito de produzi-la. Não é exagero dizer que essas fronteiras fazem com que eu me sinta péssima e tratada com uma arrogância letal. E não podemos esquecer que o Líbano está anos-luz à frente de outros países árabes.

"Quando não se dá nome à doença, não é possível curá-la" (Etel Adnan). Frequentemente me pergunto se, ao insistir em dar nome à doença, como muitos outros estão fazendo, e se ao insistir em continuar aqui, em não deixar essa região hipócrita para viver em outro país (e, em certos momentos, a tentação de ir embora já foi, e ainda é, muito forte), estou questionando ou estou me rendendo? Sou uma dissidente ou uma cúmplice? Será que as coisas seriam muito diferentes se eu não fosse mulher? E, o mais importante de tudo: o que significa realmente ser mulher?

A pergunta é capciosa. E a resposta é, claro, uma outra história.

## V
# Uma mulher árabe redefine o que é ser mulher

> Nenhuma mudança na interminável hierarquia do poder, e nenhuma luta contra a demonização da mulher e contra sua exclusão dos campos do trabalho, da educação e de batalha são possíveis sem que ela entre em todos os campos ativos com a força de sua opção individual.
>
> *Khalida Said*
> Professora universitária, crítica e intelectual síria (1932-)

Deixe-me atacar o problema de frente desde o começo:

Sou evidentemente o que você chamaria de mulher-macho, mas não tenho inveja do pênis;

Sou uma profissional que recebe altos salários, mas detesto ter de pagar a conta do restaurante quando um homem me convida para jantar;

Sou uma *workaholic* emancipada, mas uma massagem e um creminho me dão tanto prazer e sensação de plenitude quanto um projeto bem-sucedido no meu trabalho;

Sou uma intelectual, mas me preocupo com minhas rugas e com meu peso tanto quanto me preocupo com o fato de ainda não ter lido o último livro do Kundera;

Não sou superficial, mas uma mulher de cabelos oleosos, roupas desleixadas e pelos nas axilas é tão "nada a ver" quanto aquela que põe silicone nos lábios/maçãs do rosto/seios ou qualquer outro lugar onde elas injetam essa substância hoje em dia;

Não sou superficial, mas um homem de unhas sujas, mau hálito e camisa amassada está na minha listinha negra tanto quanto um QI baixo, falta de senso de humor e a tendência trágica ao exibicionismo;

Sou uma mulher que toma a iniciativa, mas perco o tesão na frente de um homem fraco e covarde tão depressa (e irrevogavelmente) quanto na frente de um troglodita que pensa que os pelos visíveis do peito, carros faiscantes e velozes e comportamento de animal são provas irrefutáveis de sua masculinidade.

Em resumo: sou aquilo que você chamaria de fanática pela feminilidade. E o que significa feminilidade? Esta é, evidentemente, uma pergunta complicada. Mas, para explicá-la sem rodeios, de uma forma visual, se eu tivesse de dar um exemplo que seja o que explica minha visão de feminilidade da maneira mais simples e mais efetiva, eu escolheria a loja que fica em frente à butique de Sonia Rykiel, no bairro Saint-Germain-des-Prés de Paris: vestidos extremamente lindos, elegantes e sedutores podem ser vistos lado a lado de seleções de livros e novos lançamentos de romancistas, pensadores, poetas e filósofos.

Moda e cultura: alimento para o corpo e alimento para a alma. Beleza exterior e beleza interior, completando e enriquecendo uma à outra.

Ninguém fica tão chocado com essa associação primordial entre cuidar do exterior e cuidar do interior quanto nós, árabes. Por quê? Porque, segundo nossos intelectuais, a pessoa que cuida de seu exterior é automaticamente superficial. E aquelas que se dedicam à cultura deveriam automaticamente negligenciar sua aparência. Não deveriam ter tempo para questões "triviais" como higiene, limpeza de pele e roupas que caem bem, já que estão tão preocupadas com sérias questões existenciais e metafísicas.

A ideia de dois campos, o da beleza, de um lado, e o da inteligência, do outro, é uma armadilha, e uma armadilha que existe há muito tempo, apesar de todos os contra-argumentos vivos que andam por aí hoje em dia. Deveríamos exigir livros até mesmo em lojas de roupas. E deveríamos exigir elegância até mesmo em livrarias.

Eis aqui uma necessidade, e há uma necessidade. Eis aqui uma carência, e há uma carência. Eis aqui a fome, e há fome. Eis aqui o prazer, e há prazer. Principalmente quando se trata de mulheres.

Existe coisa mais esplêndida do que uma mulher insistir em vencer suas batalhas ao mesmo tempo em que continua sendo mulher?

Pessoalmente, acho que não.

Na verdade, a pior coisa que pode acontecer a uma mulher, em meio à luta que ela está travando por seus direitos para conseguir respeito e para provar sua capacidade de assumir qualquer trabalho e encontrar um lugar para si na sociedade — principalmente nas sociedades do Terceiro

Mundo — é ela esquecer que é uma mulher; é perder de vista a mulher que existe dentro dela.

Por que digo isso, e o que significa ser mulher para uma mulher?

Digo isso porque algumas mulheres árabes (e outras) acreditam que essa batalha por igualdade exige a renúncia à sua feminilidade. Mas não preciso parecer um homem para ser uma mulher forte. E não preciso estar contra os homens para ser a favor das mulheres.

Além do mais, a desfeminilização das mulheres não é, por excelência, um ato de rendição à chantagem dos homens e à sua visão superficial da entidade feminina como a soma de coxas, peitos, bunda, lábios e assim por diante?

Repetindo: o que significa ser mulher para uma mulher?

Não significa, é claro, a banalidade de usar saia, maquiagem e cabelos compridos. Não significa transformar o corpo num pedaço de carne. Na verdade, a despeito de acreditar firmemente que toda pessoa, seja homem ou mulher, é livre para fazer o que bem entende com seu corpo, acho o protótipo feminino do "pedaço de carne" tão humilhante e degradante quanto o da mulher velada. Ambos anulam a verdadeira entidade feminina, que vai além de tratar o corpo como mercadoria, ou da tentação de apagá-lo com uma borracha preta.

Portanto, para uma mulher, ser mulher significa ser — e querer ser — ela mesma, e não um outro eu. E principalmente que não seja um eu masculino: o eu do pai, o eu do marido o eu do amante, o eu do irmão ou o eu do filho.

Significa que a mulher tem de cultivar esse EU, seu eu pessoal, com suas entranhas, com seu inconsciente, com o corpo e com a inteligência, destemidamente, sem pânico, sem desconfiança, ou tabu, ou vergonha, ou qualquer outro obstáculo interno ou social, visível ou não.

Significa que ela cultiva tudo isso sem se preocupar em saber se um homem vai aprová-la e se vai aprovar seu êxito ou não, ou se vai condená-la pelo fracasso.

Significa que ela pega, em vez de esperar que as coisas lhe sejam dadas.

Pois a mulher é a única especialista sobre seu corpo, seu espírito, sua essência. Nem os radicais religiosos que desejam anulá-la devem ter voz ativa nesse processo, nem os radicais superficiais que querem transformá-la em objeto numa vitrine de loja.

Em minha condição de mulher, preciso do homem. Sem a menor sombra de dúvida. E eu adoro essa necessidade, e aceito essa necessidade, e alimento essa necessidade, e me orgulho dessa necessidade. Em minha condição de mulher, tenho consciência de que o homem também precisa de mim. E adoro essa necessidade, e aceito essa necessidade, e alimento essa necessidade, e também me orgulho dessa necessidade. Mas há uma diferença monumental entre precisar do outro e depender do outro, transformar-se em mero apêndice e acessório do outro. A primeira atitude baseia-se na fé em si mesma e na relação amorosa, ao passo que a segunda só pode ser construída sobre uma autoestima baixa. Em minha modesta visão de mundo, ambas as identidades humanas andam juntas, de mãos dadas, cúmplices e iguais, desafiando, motivando e apoiando uma à outra e, apesar disso, mantendo-se assombrosamente DIFERENTES. E, se uma mulher tem de se tornar igual a alguma coisa ou a alguém, que seja à própria entidade e identidade, e a essa entidade e identidade somente. Assim será igual a seu ser feminino essencial, um ser em transformação constante. Por baixo desse movimento contínuo, acima dele, fora dele, está o vazio: "A vida é processo de vir-a-ser, uma combinação de estados pelos quais temos de passar. As pessoas fracassam porque desejam eleger um estado e permanecer nele. Essa é uma espécie de morte" (Anaïs Nin).

Nesse contexto, lembro-me muito bem de minha reação quando vi certa vez um retrato da ministra da Defesa da Espanha, Carmen Chacón, passando as tropas em revista no sul do Líbano, durante a primavera de 2008, com sete meses de gravidez. Raras vezes vi algo tão belo e poderoso como essa visão: uma bela mulher, jovem e grávida, passando as "suas" tropas em revista com todo o poder de sua feminilidade. Uma visão dessas condensa, num instantâneo expressivo, a essência de minhas ideias: a força da feminilidade. O poder de Lilith. Lilith, a primeira mulher, aquela que existiu muito tempo antes de Eva, criada da terra exatamente como Adão. Lilith, a mulher independente, a mulher de espírito livre que se recusava a obedecer cegamente ao homem e que abandonou o paraíso por livre e espontânea vontade. Lilith, a mulher rebelde, de quem Eva, criada da costela de Adão, não passa de uma cópia desbotada.

Obviamente, o incidente supracitado a respeito de Chacón não significa que apoio cegamente a mulher na política. Muito pelo contrário.

As mulheres me fazem frequentemente perguntas do tipo: "Você com certeza apoiou Ségolène Royale e Hillary Clinton em suas respectivas candidaturas à presidência, não apoiou?" E quando respondo "Não", a mulher que está me fazendo essa pergunta fica surpresa. "Como assim? Você não as apoiou?"

Deixe-me explicar: a pessoa que me faz essa pergunta não está necessariamente interessada na política francesa ou norte-americana, nem em suas implicações para a situação do Líbano. Ela fica espantada com minha resposta por uma razão somente, que é o fato de Ségolène Royale e Hillary Clinton serem mulheres. E, em sua opinião, basta uma candidata ser mulher para que outra mulher a incentive e apoie. Para mim, traidora do meu gênero como sou, o fato de ela ter uma vagina não é prova de ter as qualificações necessárias a um candidato, e ainda não descobri (e nunca vou descobrir), os segredos do apoio cego às questões femininas.

É claro que eu teria gostado muito se Ségolène Royale, aquela da bela figura e do discurso humanista, fosse eleita como presidente da França. E eu teria gostado muito se Hillary Clinton, a da inteligência aguçada e da vontade de ferro, tivesse chegado ao topo do governo norte-americano. Por nenhum outro motivo além do desejo de "vingança" de toda mulher que se dedicou à política à custa de sua feminilidade; ou, por outro lado, sem nenhuma outra qualificação além de sua aparência. Mas uma eleição presidencial, a meu ver, requer mais experiência e mais profundidade do que Royale ou Clinton possuíam, por razões que não têm nada a ver com o fato de elas serem mulheres. Nesse caso, será que eu devia tê-las apoiado simbolicamente, só porque nós três vestimos um sutiã antes de sairmos de casa de manhã?

Não, mil vezes não a esse tipo insultante e superficial de solidariedade. As mulheres merecem mais. Muito mais.

Sobre o tema da solidariedade feminina, eu gostaria de mencionar de passagem uma notícia "trágica": recentemente, no Líbano, um serviço de táxi só de mulheres foi fundado para mulheres que não querem se misturar com os homens; e muitas que são do chamado sexo frágil exultaram com a novidade, gritando alegremente e comemorando com frases do tipo: "É cor-de-rosa! Ai, que fofo! E uma mulher dirigindo o veículo — que original!"

Mas esse táxi de mulheres, pintado com um tom enjoativo de rosa, daquele de pirulito, é uma fonte de constrangimento para mim, como libanesa. E como mulher árabe. E como mulher pura e simplesmente.

Desde quando um táxi é um lugar de "relações perigosas"? Desde quando nós, do Líbano, voltamos a nos conformar com a segregação dos sexos? Faz muito pouco tempo que nos livramos dos colégios separados para meninos e meninas e outras práticas que criam adultos inibidos, firmemente presos em seus complexos, em sua repressão, em sua ignorância e em seu medo do outro sexo.

No passado recente, vimos o surgimento da geração Barbie (e ainda não nos livramos dela); agora, parece que estamos vendo o surgimento da geração dos táxis que segregam mulheres. Esses dois acontecimentos talvez pareçam desconectados; mas, na verdade, são muito semelhantes. Basta dizer que ambos, cada qual à sua maneira, representa um modo de comportamento condicionado no mundo árabe que me incomoda desde a juventude: um comportamento classificador, que separa o homem da mulher e coloca cada um deles num ambiente diferente. Assim que nasce uma menina, seus pais e parentes cercam-na de bonecas de todas as formas e tamanhos. Uma com a qual passar o dia, outra para abraçar de noite, uma terceira com a qual tomar chá, uma quarta para a qual planejar um casamento (o que seria de uma menininha árabe sem o plano de casamento perfeito? Que sentido teria a sua vida se ela fosse privada de uma perspectiva dessas?).

Por outro lado, quando nasce um menino, ele é cercado por brinquedos ostensivamente masculinos: carros de todas as formas e tamanhos, soldados de plástico e tanques, espadas e armas de fogo. Mesmo hoje, poucos pais e mães se rebelam contra esse estereótipo e evitam a armadilha. Onde quer que a gente vá, as meninas usam rosa e os meninos usam azul. Ela deve ser suave, apaziguadora, reservada e obediente (sobretudo obediente), e ele deve ser ruidoso, prático e rebelde.

Pessoalmente, detesto bonecas. Nem uma única delas — a Barbie ou qualquer de suas irmãs — conseguiu me seduzir. Não caí uma única vez sequer — mesmo antes de saber o mínimo indispensável para tomar uma decisão consciente — na armadilha da feminilidade arquetípica, aquela que a sociedade impõe, e que limita nossa personalidade, nosso comportamento, nossos pensamentos.

Sou mulher, sim. Mulher, evidentemente. Orgulhosamente. Absolutamente. Muito mesmo. Mas, pelo amor de Deus, tire da minha frente aquele cor-de-rosa e todos os clichês associados a ele. Lembro-me de um dia em que briguei com meu tio porque ele teve a ousadia de me comprar uma cozinha em miniatura, com máquina de lavar, ferro de passar e tudo o mais, como presente de aniversário. Senti-me insultada naquele dia, apesar de ter só 8 anos. Não por desprezo por cozinhar, lavar e passar, ou pelos serviços domésticos em geral. Muito pelo contrário: sinto muito respeito e apreço pelas mulheres que dedicam seu tempo a cuidar da família dessa maneira (e minha mãe é uma delas, e a ela devo muito nesse sentido). Além disso, não acho que a profissional remunerada seja o único modelo que existe de mulher bem-sucedida, emancipada e eficiente. Estou falando de opção, e nessa opção está toda a diferença entre uma mulher submissa e uma mulher emancipada. Sou inteiramente a favor de uma mulher que cozinha se cozinhar é uma vontade sua, um desejo seu. E sou contra a mulher que cozinha se cozinhar é o que se espera dela, e lhe é imposto, pela única razão de ela ser mulher.

Naquele dia, meu tio queria inconscientemente que eu me conformasse a um estereótipo ditado pela sociedade patriarcal: o estereótipo feminino de uma mulher que só precisa saber cozinhar, limpar, lavar e passar... e que está esperando o homem voltar do trabalho, da guerra, da atividade política, da atividade intelectual e de outras dimensões da vida lá fora.

Não estou querendo dizer que toda a responsabilidade deve ser posta sobre os ombros dos homens. Nós também assumimos uma boa parte dessa responsabilidade. Simplesmente não devemos aceitar ser mulheres que "ficam esperando", seja uma ocasião, uma oportunidade, um acontecimento ou, obviamente, um homem. Temos de acordar, de andar, de conseguir o que queremos e pegar o que queremos.

Ou, no mínimo, tentar.

"Não luto contra os homens, luto contra o sistema sexista" (Elfriede Jelinek). Lembro-me de que, há uns 15 anos, quando o famoso livro de John Gray, *Os homens são de Marte, as mulheres são de Vênus*, foi publicado, teve um êxito retumbante, não só nos Estados Unidos, como também no resto do mundo, inclusive nos países árabes, onde muita gente o considerou o santo graal das relações entre homens e mulheres, e a solução absoluta para todos os problemas das relações afetivas, sejam conjugais, sejam outras quaisquer. Confesso que, embora nessa época eu tivesse só 20 e poucos anos, li esse suposto guia para "melhorar a comunicação entre os sexos" com um sorriso sarcástico no rosto, principalmente ao ver as soluções supostamente miraculosas propostas ali, cuja simplicidade perigosa só era comparável à falta de originalidade de seus clichês.

Naquela época, eu achava que nada suplantaria a descrição ingênua das relações entre os sexos feita nesta obra, com seus preconceitos e suas respostas mancas pré-fabricadas e seus conselhos bobos e "bem-intencionados". Depois li um livro intitulado *Os homens são necessários?*, da escritora norte-americana Maureen Dowd, colunista do *New York Times*, e vi que eu tinha perdido uma aposta que fizera comigo mesma. Pois, embora o livro de Gray contenha generalizações ridículas sobre a resolução do "mal-entendido histórico" entre homens e mulheres (uma teoria tão simplista quanto o "choque de civilizações" de Samuel Huntington, embora num nível diferente e com um assunto diferente), o livro de Dowd contém slogans e exemplos propagandísticos mais superficiais ainda. Assim que o leitor filtra o conteúdo claustrofóbico, ele/ela é invariavelmente levado/a à conclusão de que o objetivo de Dowd não é defender a causa das mulheres, uma vez que pretende destruir os homens por meio de provocações e uma lavagem cerebral deliberadas.

"Os homens são necessários?", pergunta Maureen Dowd. "Claro que não!", responde extasiada uma jornalista árabe que fez uma resenha sobre o livro na época, provando sua afirmação com a notícia de que um grupo de cientistas norte-americanos havia conseguido criar esperma artificial com células extraídas da medula óssea de uma mulher. Portanto, de agora em diante a mulher pode ser autossuficiente a ponto de ter filhos sem a "interferência" masculina.

Minha astuta colega aplaudiu essa invenção em seu artigo, exaltando-a como "uma vingança das mulheres, por toda a opressão e todas as dificuldades que tiveram de suportar". Mas a cara jornalista não se deu conta de que a necessidade que a mulher tem do homem não se reduz a seu esperma fertilizador. Não se deu conta de que nem ela, nem qualquer mulher árabe ansiosa por culpar os homens por todos os seus problemas, admite que a opressão e a dificuldade que a mulher enfrenta às vezes são também responsabilidade sua, porque ela se rende e não faz praticamente nada para mudar a situação sombria em que se encontra; em vez disso, contenta-se em se queixar dela.

Claro, não estou generalizando, nem sendo cruel, insensível e injusta com meu próprio gênero. Sei perfeitamente bem quantos horrores são perpetrados diariamente contra as mulheres em algumas regiões extremistas do mundo árabe-muçulmano. As mais hediondas dessas práticas, a meu ver, é o que chamam de "lavar a honra"; porque uma mulher mancha irrevogavelmente a honra da família quando pratica sexo antes do casamento, ou quando é estuprada, ou quando pede o divórcio, ou quando foge e se casa contra a vontade da família. Por conseguinte, os homens "responsáveis" por ela se tornam vítimas, uma vez que sua honra foi violada, e assassiná-la é considerado autodefesa. Um dos muitos exemplos é Kifaya Husain, uma menina jordaniana de 16 anos, que foi amarrada a uma cadeira no dia 31 de maio de 1994, pelo irmão dois anos mais velho que ela, antes de ele lhe cortar a garganta. Seu crime? Ter sido estuprada pelo outro irmão.

    E nem vamos falar da mutilação genital feminina e de seu objetivo depravado de privar as mulheres de seu direito ao prazer. Nem de casamentos pré-arranjados de meninas tão pequenas que mal sabem brincar de casinha. A lista de horrores e injustiças é longa demais.

Apesar de tudo isso, ainda me irrita que a única reação de tantas mulheres árabes a seu sofrimento seja se queixar, em vez de tentar encontrar uma solução, um raio de esperança, por menor que seja, em algum ponto de sua realidade cotidiana. "Onde há uma vontade, há um caminho", é muito mais que um belo arranjo de palavras.

Além disso, quem foi que disse que os homens são os piores inimigos das mulheres? Já conheci mulheres que detestam mulheres, que se aliam contra elas e lhes combatem de maneira mais feroz que a habitual — mães que guardam silêncio diante de um pai estuprador; que estão ansiosas por encontrar marido para a filha de 13 anos; que as deixam sem uma educação apropriada porque "seja como for, elas estão mesmo fadadas ao casamento, pra que se incomodar?"; que criam os filhos para eles serem mais discriminadores e desrespeitosos ainda com as mulheres do que seus pais.

Não tenho o hábito de divulgar dados demográficos capciosos sobre homens e mulheres; é uma prática que repudio, e um ato ingênuo que está muito longe de me convencer. Mas há uma diferença que pouca gente reconhece entre a autocrítica necessária e o automassacre patológico. Por que raios uma mulher tem de ser a inimiga predestinada dos homens, ou uma aliada cega das mulheres, mesmo que por motivos errados, por motivos que não convencem? É por isso que me permito, a distância de homens que odeiam histericamente as mulheres, bem como do grande número de mulheres apáticas ou voluntariamente submissas, repetir vários direitos básicos que são ignorados frequentemente:

O direito da mulher de ser a favor de uma feminilidade forte, inteligente, contrária a rótulos agressivos;

O direito da mulher de manter com os homens relações que não sejam beligerantes sem que essas relações sejam interpretadas como submissas;

O direito da mulher de ser igual ao homem sem cair na tentação de adotar um discurso de hegemonia sobre ele ou semelhante ao dele;

O direito da mulher curtir um buquê de rosas mesmo que dirija um trator e troque o óleo do motor;

E, principalmente, o direito da mulher de não concordar cegamente com a multidão, e acreditar em suas opções pessoais, em suas pequenas batalhas, na importância de cultivar seu jardim pessoal.

"Para existirmos, precisamos ser assertivas em nossas opções e desejos. Meias medidas levam à autodestruição" (Djamilah Bouhired). Voltando ao ponto de partida: a igualdade entre mulheres e homens deve ser assertiva, e deve ser exercida fora da arena das exigências e das negociações. Na verdade, muitas vezes são as exigências de igualdade das mulheres que as privam dela. A pessoa que faz uma exigência coloca-se numa posição de fraqueza. Ela pede, o outro dá. Em vez disso, vamos considerar essa igualdade um elemento básico, e nos comportar como se ele fosse um fato da realidade (que, de fato, é). Sei muito bem que isso nem sempre é possível, principalmente quando medidas jurídicas oficiais estão em jogo, mas essa postura *pode* ser adotada em muitos pequenos detalhes da vida cotidiana. E esse PODE faz diferença. A longo prazo, influencia leis e constituições.

O que se faz necessário, no mundo árabe em particular, é a mulher ir longe no sentido de cristalizar sua vida, um minúsculo passo depois do outro, sem esperar nada de ninguém e sem ser um espelho que reflete o que os outros dizem que deve ser sua imagem. A verdadeira questão é ela recuperar sua identidade roubada, confusa. Recuperar essa identidade desconhecida, sequestrada, esse ser comprometido que sofreu distorções de várias formas do medo, do condicionamento e da frustração é a batalha mais difícil que uma mulher pode travar, e vencer.

Quanto aos ganhos insultantemente fáceis que são dados às mulheres como prêmio de consolação, ou como anestesia, ou como suborno, eles estão num campo minado que esconde concessões traiçoeiras; portanto, é melhor não aceitá-los.

Tudo. Ou nada. Precisamos vencer (ou perder, evidentemente) nossas batalhas sendo a pessoa que somos, sem condições, alterações, negociações ou concessões à nossa condição de mulher. Essa é, a meu ver, a nova Feminilidade Árabe, e até a nova Feminilidade Universal, de que precisamos hoje. Uma feminilidade sem medo de sua verdade. Sem medo de sua força. Sem medo de sua fragilidade. Sem medo de sua ambição. Sem medo de sua fraqueza. Sem medo de sua ferocidade. Sem medo de sua suavidade. Sem medo de suas perdas. Sem medo de sua curiosidade. Sem medo de sua honestidade. Sem medo de sua loucura. Sem medo de seus erros. Sem medo de seus talentos. Sem medo de sua beleza. Sem medo de sua linguagem. Sem medo de seu poder. Sem medo de seus extremos. Sem medo de suas experimentações. Sem medo de suas contradições. Sem medo de sua juventude. Sem medo de sua maturidade.

Uma feminilidade, em resumo, sem medo de si mesma.

É evidente que não tenho a pretensão de ser um modelo a seguir. Não me declaro precursora de nada. E não digo que tenho as respostas: não tenho. Muito pelo contrário: não sou nada além de meus fracassos, meus erros, minhas questões, minhas dúvidas... e meus sonhos.

E, por falar em dúvidas, agora chegou o momento de eu lhe contar uma nova história. Minha história com um dragão de muitas cabeças, onipotente, alarmante.

Dizem que atende por um nome esquisito:

"Deus."

# VI

# Uma mulher árabe sem medo de provocar Alá

> Vou parar de defender os direitos das mulheres sauditas quando eu começar a ver homens sauditas serem arrastados para delegacias de polícia quando tiverem a ousadia de dirigir o próprio carro, e quando a mulher saudita começar a usar roupas confortáveis, enquanto o homem saudita for obrigado a usar um véu negro, luvas negras e roupa. negras, que o transformam numa massa informe, e quando ele ouvir dizer que só existem dois lugares apropriados para ele neste mundo: o lar e o túmulo.
>
> *Wajeha al Huwaider*
> Escritora e ativista saudita em prol dos direitos humanos
> (1957-)

"Se fosse muçulmana, você jamais teria tido condições de escrever o que escreve."

"Se fosse muçulmana, você jamais teria lançado um projeto controvertido como a revista *JASAD*."

"Se fosse muçulmana, você jamais diria o que diz, jamais viveria como vive, jamais seria quem é."

Para todas as cabeças ocidentais céticas, críticas, preconceituosas, que não param de fazer essas declarações apressadas soarem em meus ouvidos, respondo: você tem de ter frequentado uma escola de freiras durante 14 anos antes de se permitir fazer essas declarações (errôneas). Você tem de ter pais árabes que sejam cristãos conservadores e viver numa minissociedade árabe cristã conservadora antes de expressar essas opiniões (tendenciosas). Você tem de ter sentido e presenciado a discriminação da Igreja contra o sexo feminino graças a um fundamentalismo cristão bem próximo, e que não é muito melhor que o fundamentalismo muçulmano, e ler as palavras de São Paulo sobre as mulheres antes de se permitir fazer essas declarações (inválidas).

"Durante a instrução a mulher deve guardar silêncio, com toda submissão. Não permito à mulher que ensine, nem que domine o homem. Mantenha-se, portanto, em silêncio. Com efeito, Adão é que foi formado primeiro. Depois Eva. E Adão não foi o seduzido, mas a mulher que, seduzida, caiu na transgressão. Todavia, ela será salva por sua maternidade, contanto que persevere na fé, no amor e na santidade, com modéstia" (Primeira Epístola de Paulo a Timóteo, 2:11-15).

Isso posto, existe realmente diferença entre ser uma mulher muçulmana ou uma mulher cristã no mundo árabe de hoje?

É realmente "mais fácil"?

É correto (e justo) supor que o cristianismo é todo amor e perdão e aceitação do outro, e o islamismo é todo fanatismo, maldade e matança de inocentes?

Não, a menos que você seja cegamente piedoso. Não, a menos que você seja veementemente antissecular. Não, a menos que você cumpra literalmente as regras de sua religião, qualquer que seja ela, e abdique de sua capacidade de julgamento para alguém que supostamente é "superior" e acredite, na maior ingenuidade, em todas as palavras que seus líderes religiosos dizem, e adapte sua vida, suas visões e seus atos ao círculo vicioso interminável das leis e das recomendações (que frequentemente chegam a um ponto absurdo) que outro indivíduo pensou e concebeu em seu nome, e chegou à conclusão de que seriam boas pra você, e que vão lhe garantir uma "entrada no paraíso" sem outras condições.

"O homem é um dos erros crassos de Deus? Ou Deus é um erro crasso dos homens?" (Friedrich Nietzsche). Eis o que passei a pensar sobre essa questão: com todo o devido respeito às pessoas que acreditam em histórias da carochinha (e precisam delas), o que é o paraíso além de uma ilusão maravilhosa inventada por um punhado de gênios (às vezes chamados de profetas, outras vezes de santos e místicos, dependendo do contexto cultural e social) para controlar as massas, prometendo-lhes em troca uma recompensa que nunca vão ter condições de dar? Ou, no mínimo, uma recompensa sem garantia de entrega? Você consegue imaginar uma peça mais eficiente, mais maquiavélica, pregada a milhões e milhões de cabeças, ansiosas por ser tranquilizadas em seus medos, dúvidas, desafios e crises do dia a dia? Você apostaria realmente a sua vida, os seus princípios, e comportamentos, e opções, NISSO? Não seria mais saudável, e mais gratificante, definir para si mesmo uma ética de vida mundana e uma moralidade baseadas na decência, no respeito a valores humanistas universais? Não seria mais saudável, e mais gratificante, concluir por si mesmo quais são os seus erros, e tentar corrigi-los?

Além disso, se o paraíso existisse realmente, quem ia querer ir para lá? Fala sério.

Um lugar onde tudo é PERFEITO?

Um lugar onde um homem e uma mulher foram castigados por colher uma maçã e transar?

Mesmo?

Dá um tempo!

&

De volta à nossa questão: os muçulmanos promovem o fanatismo?

Os cristãos promovem o sentimento de culpa. O que não é melhor.

Os muçulmanos acreditam em *jihad*?

Os cristãos acreditam na queimação do inferno. O que não é melhor.

Os muçulmanos não veem problema em um homem ter quatro esposas ao mesmo tempo.

Os cristãos consideram o sexo um pecado, só tolerado para gerar filhos. O que não é melhor.

Os muçulmanos não separam Estado e religião?

Os cristãos separam o corpo da alma. O que não é melhor.

Os muçulmanos condenam as mulheres a raspar a cabeça?

Os cristãos condenam as mulheres que abortam. E que pedem o divórcio. E que tomam pílula anticoncepcional. O que não é melhor.

Não desejo cair na armadilha das generalizações, e tenho certeza de que qualquer comparação entre duas religiões é antiquada e absurda. Não se trata de uma defesa do islamismo, nem de uma condenação do cristianismo. Em nenhum dos dois você será livre algum dia. Já vi o pior desses dois mundos. Tenho amigos respeitáveis, maravilhosos, que pensam como eu, e outros que não, de ambos os lados. De modo que essa argumentação não pretende dizer qual religião é melhor, qual é mais tolerante, qual é mais aberta e mais moderna, mais inspiradora e mais agradável de conviver. Pretende, ao menos para mim, levar à conclusão de que todas as religiões são ruins (ruins para seu bom-senso, ruins para seu modo de vida, ruins para sua capacidade de optar, ruins até para a saúde!) quando você as tira da esfera do alimento espiritual, que é o seu lugar (para quem as procura por esse motivo, claro) e as coloca na esfera de sua vida privada e pública, onde estão fadadas a arruinar toda e qualquer chance de liberdade, equilíbrio e julgamento objetivo que você por acaso tenha.

Mas algumas pessoas, principalmente em nossos dias, e principalmente no Ocidente, seguem uma linha de raciocínio bem diferente. Uma linha de raciocínio baseada em fatos e hipóteses derivadas deles. E sua linha de raciocínio é mais ou menos a seguinte:

Quando a cantora norte-americana Madonna, no controvertido videoclipe de sua música "Like a Prayer", 1989, beijou a estátua de um Jesus negro, e dançou sensualmente na frente de cruzes em chamas, estava criticando ferinamente o Vaticano e os católicos, e esse vídeo foi considerado "blasfêmia";

Quando o diretor de cinema holandês Theo Van Gogh lançou seu filme *Submission* (2004), que criticava o tratamento dado às mulheres no islamismo, e no qual versos do Corão foram projetados em árabe sobre corpos nus de mulheres, ele foi assassinado por um muçulmano holandês-marroquino;

*O código da Vinci*, Gilbert e George, Damien Hirst e suas provocações violentas ao cristianismo?

Criticados impiedosamente.

Salman Rushdie, Taslima Nasreen, Ayaan Hirsi Ali e suas provocações violentas ao islamismo?

*Fatwas* e ameaças de morte.

Ouço essas comparações, compreendo sua lógica, mas não estou convencida de que são prova de que o cristianismo é mais tolerante que o islamismo. Isso não passa de mistificação. Pois estou convencida de que a Igreja encontrou métodos mais hipócritas para combater aqueles que ousam desafiar sua autoridade.

"Tivemos religião suficiente para nos fazer odiar, mas não tivemos religião suficiente para nos fazer amar uns aos outros" (Jonathan Swift). Levando em conta os problemas reais e terríveis constituídos pelo fanatismo e pelo terrorismo islâmico hoje em dia, e as complicações sociais e políticas causadas pelo maremoto da imigração muçulmana, talvez tenha chegado a hora do Ocidente reconhecer que, para ter, ele precisa dar. Eu pessoalmente nasci num país que tem gente de quase todas as crenças — sunitas, xiitas, drusos, católicos, ortodoxos etc.; um país onde 18 comunidades religiosas diferentes compartilharam (com uma indiferença salutar, ao menos até 1975) esse microscópico espaço geográfico, político e social. E aprendi, em muito tenra idade, a não apresentar minhas convicções como se fossem verdades absolutas e definitivas que se aplicam a todo mundo. Também aprendi que temos de fazer uma escolha entre o repúdio a símbolos evidentes (e, desse modo, a eliminá-los), e o respeito por símbolos evidentes (e, desse modo, a aceitá-los TODOS); e que a liberdade de expressão é diferente da liberdade de ofender, e que o "politicamente correto" e o "decentemente correto" não são a mesma coisa.

Para ter, precisamos dar: portanto, chega de exibicionismo/voyeurismo religioso, em todas as suas formas. Rezar devia ser como transar: um assunto privado. Todo mundo fala de obscenidade sexual, mas quase ninguém fala de obscenidade religiosa. Quem transa em público vai para a cadeia; dizem que constitui um atentado ao pudor. Sonho com um mundo laico, não contaminado, no qual seja reservado esse mesmo tratamento àqueles que transformam suas convicções religiosas num carnaval.

Apesar disso, é verdade que os cristãos árabes, ou os "cristãos do Oriente", como são chamados com frequência, hoje em dia raramente — o que é uma injustiça — são notados e reconhecidos, e que a expressão "mundo árabe" tenha se tornado sinônimo, para muitos, tanto de dentro quanto de fora, de "mundo muçulmano". Também é verdade que os cristãos árabes desempenharam um papel importante no desenvolvimento cultural, social e econômico da região, tanto na história árabe antiga (seu papel modernizador tanto no governo de Umayyad quanto de Abbasid é um exemplo brilhante desse papel), quanto em sua história recente. É realmente verdade que os cristãos árabes sempre foram um ingrediente crucial, necessário, vital no mosaico rico e complicado do mundo árabe, oferecendo o privilégio de uma perspectiva ligeiramente diferente. Mas isso não é motivo para endeusá-los e considerá-los os únicos salvadores e modernizadores dos árabes. Isso não é razão para se pensar que toda mulher árabe emancipada que você vê nas ruas de Beirute é cristã, nem que toda mulher oprimida e fechada entre quatro paredes é muçulmana. O véu, a burca e congêneres são horrorosos, claro. Esse é meu ponto de vista pessoal e nunca o escondi. Mas será que o véu e a burca pesam realmente mais que a discriminação da Igreja cristã libanesa contra as mulheres em casos de divórcio, para citar só um exemplo? Será que pesam realmente mais que os padres da Igreja cristã serem, tanto quanto os xeques Al-Azhar quanto os aiatolás xiitas, os indivíduos que dão a última palavra na vida privada e civil das pessoas? Será que pesam realmente mais que as leis predominantes na maioria dos Estados árabes, que consideram o pai/o marido uma referência absoluta, e a mãe/a mulher um reles acessório? Será que as mulheres árabes cristãs são mais liberadas só por usarem o que querem (em princípio, mas não sempre)? Será que a mulher cristã libanesa é mais emancipada só porque pode sair à noite? É isso que é a verdadeira liberação e a verdadeira emancipação? Ou a emancipação verdadeira é assegurar que seus direitos de mãe, de filha, de esposa, de empregada, de ser humano sejam respeitados, e que ela seja protegida por um sistema jurídico e civil justo? Será que a mulher não está sendo distraída por algumas cenouras apetitosas, mas sem gosto, com que as autoridades, religiosas e/ou políticas, estão lhe acenando (qual a diferença no mundo árabe, afinal?) para desviá-la do verdadeiro sentido de liberdade e emancipação?

Repetindo: há alguma diferença autêntica, significativa, evidente entre a situação da árabe muçulmana e da árabe cristã? Temo que não. Não se você for fundo. A injustiça, os códigos morais duplos e os preconceitos são um pouco mais óbvios e visíveis na primeira, só isso.

E o óbvio é quase sempre uma armadilha.

"Não entendo: mandei você para uma escola religiosa. Sua mãe levava você à missa todo domingo. Você rezava antes de ir para a cama. Foi batizada e fez a primeira comunhão. Onde foi que eu errei?" Eis aí uma pergunta que meu pai me faz de vez em quando, com uma indignação genuína, apesar de seu orgulho evidente pelas poucas realizações que consegui até agora; uma indignação aliviada pelo tom brincalhão de quem está disposto a perdoar, que significa: reconheço e respeito essa pessoa que você é; mas, às vezes, acho difícil de aceitar e não há como evitar que eu me sinta responsável por uma "falha" educacional.

E eu lhe digo: "Onde você acha que acertou, foi ali que você errou. Sou o produto daquela rígida educação religiosa que você me deu. Uma educação que está fadada a gerar dois tipos de pessoas: a 'sobrecarregada por complexos' e a 'viciada em transgressão'. Não há lugar para a normalidade aqui."

Temos de voltar a uma época anterior àquela do "acertar" e "errar". Para a era anterior às instituições religiosas, para a era anterior ao "pense como eu", para a era anterior ao "nós estamos certos e eles estão errados". Vamos voltar um pouco mais ainda: à era anterior ao pecado original e a toda a literatura distorcida e à lógica influenciada por ela.

Para antes de Adão. Antes de Eva. Antes dos anjos. Antes dos demônios. Antes dos justos. Antes do pecado. Antes dos mandamentos. Antes dos castigos. Antes dos eleitos. Antes dos condenados. Antes de Deus. Antes do diabo.

E então vamos começar tudo de novo a partir daí, e vamos começar JUNTOS.

E então, estou provocando o bom e velho Alá?

Ele está zangado comigo e vai me castigar?

Vai me condenar à danação eterna e me negar os prazeres supremos do Céu?

Pois que seja. Estou pronta a assumir os riscos. Pois não quero um Alá, se é que ele existe, que eu não possa desafiar ou provocar da mesma forma que esse conceito me desafia e provoca.

E, acima de tudo, não quero levar minha vida presente pensando na outra, na vida após a morte. Pois para mim, é esta que vale, gente. Esta é tudo quanto tenho, esses 40 ou 50 ou talvez 90 anos nessa terra, com todas as pequenas alegrias e frustrações que a acompanham.

Quanto aos erros que cometo, o único castigo que admito por tê-los cometido é a minha consciência deles, e o fato de ter de conviver com ela: não existe, não deve existir pena mais terrível para a alma, a mente e o coração de alguém.

E a única recompensa que espero por minhas "boas obras", se e quando as faço, é saber que as fiz sem esperar nada em troca: nenhum tapinha nas costas, nenhum parabéns!, nenhum São Pedro me passando as chaves do reino dos céus. Estou convencida de que não há recompensa melhor.

Deus, você? Quero enfrentar esse dragão. Como escritora. Como mulher. Como ser humano. Com os recursos da literatura. Com os recursos da mulher. Com os recursos do ser humano.

Quanto às pessoas que me dizem que, dada a minha condição de mulher árabe, eu deveria obedecer ao homem, cobrir a cabeça e ir me confessar e lutar pela redenção sempre que fizer sexo com um homem sem ser sua esposa e sem querer gerar filhos seus, deixo-as com suas convicções ridículas: afinal de contas, elas são seu único consolo na vida.

E seu pior castigo.

"Quando a religião começar a propor uma contrapartida feminina de Deus, aí vou ter mais respeito por ela" (Huda Shaarawi). Qual é a responsabilidade da mulher árabe no meio dessa discussão toda? Qual é a sua responsabilidade no tocante à religião e à interferência da religião em sua vida e ao impedimento que ela representa a seu livre-arbítrio? É, a meu ver pelo menos, recusar-se a passar por uma lavagem cerebral, é recusar-se a ser levada para o mau caminho por um bando de gente que quer mantê-la sob controle. É entender que deve haver algo de errado com essas religiões que são representadas exclusivamente por divindades e figuras masculinas (papas, xeques, aiatolás, padres, profetas etc.). É acreditar no poder de uma sociedade civil laica, e contribuir para sua existência.

É, em síntese, a responsabilidade de PENSAR POR SI MESMA.

Pois está na hora — já faz um tempo — de nós, mulheres do mundo árabe, de questionarmos os tipos de religião existentes hoje. E os tipos de política. E de sexualidade. E de escrita. E de vida. E esse questionamento é que faz toda a diferença entre uma mulher árabe típica e outra atípica. Entre uma mulher submissa a ponto de se conformar com seu "destino" e com os limites impostos a ela, e uma mulher forte a ponto de viver, e de dizer não, mesmo que viver e dizer não, às vezes, signifique perder.

Mas essa é uma outra história.

E vai ser a minha última (por enquanto).

## VII

# Uma mulher árabe que vive e diz não

> Nunca vou deixar de ser livre.
> Vou cantar os desejos do meu espírito,
> mesmo que você me esmague com seus grilhões.
> Minha música vai jorrar das profundezas.
>
> *Fadwa Touqan*
> Poetisa palestina (1917-2003)

"Bem vindo ao Aeroporto Internacional Rafic Hariri, de Beirute", diz a voz monótona da aeromoça, muitas e muitas vezes. Um aeroporto moderno, impecável, bem organizado, prático. Esse lugar, um lugar frio e impessoal, tem transmitido a sensação de lar para mim, em especial nos últimos dois anos, pois tenho viajado muito ultimamente. Tenho meus cantinhos secretos ali, meu lugar favorito em um dos cafés (onde, aliás, o café custa US$ 7: um roubo escandaloso), meu ponto ideal para acessar a internet, "minha" livraria, minhas amadas escadas rolantes. Tenho meus rituais supersticiosos (usar roupa íntima vermelha quando viajo, e sempre entrar no aeroporto pela porta número 2 e com o pé direito), minha rotina (apresentar-me, sorrir muito para o/a funcionário/a da companhia aérea para que ele/ela faça vista grossa para o excesso de bagagem, comprar cigarro, evitar a todo custo a área dos perfumes, comprar a revista *Science et Vie*, e depois me sentar no restaurante self-service) e meus hábitos culinários (cappuccino — sem açúcar; muffin — sem lasquinhas de chocolate; água — sem gás). Muitos dos atendentes já estão até começando a me reconhecer: quando mais de cinco vendedores de produtos isentos de impostos chamam você pelo nome, está na hora de começar a se preocupar com seu modo de vida. Um dos funcionários da alfândega me faz uma única pergunta toda vez que examina meu passaporte: "Não se cansa de tanta viagem?"

Se eu não me canso de tanta viagem? Bom, eu me canso, sim, Sr. Funcionário da Alfândega. É claro que sim. Muitas vezes me sinto cansada, exausta, farta e arrasada. Muitas vezes me sinto alheia e confusa, principalmente quando acordo num árido quarto de hotel e mal o reconheço; ou quando sinto saudade de meus dois filhos e amaldiçoo o telefone porque ele nunca basta, ele nunca é a mesma coisa que estar com eles ao vivo e em cores. E não vamos esquecer o inevitável procedimento paramilitar do ANTES e do DEPOIS: fazer a mala, fechar a mala, carregar a mala, despachar a mala, recolher a mala no desembarque (se você tem sorte e NÃO está viajando pela Alitalia), abrir a mala, desfazer a mala... Muitas e muitas vezes, como um mantra insípido. Como um exílio em sequência. Ou, melhor ainda: como um exercício de exílio que você precisa repetir para poder dominar.

E também há, é claro, a solidão que acompanha uma alma errante em busca permanente do grande desconhecido. Não solidão em seu sentido de isolamento: muito pelo contrário, sou uma pessoa muito sociável e adoro a companhia dos outros, desde que ela seja interessante, clinicamente testada, usufruída em pequenas doses e nunca imposta a mim. Mas estou falando da solidão em seu estado psicológico e intelectual: aquela que lhe permite ouvir a si mesma e, por conseguinte, perceber o quanto é impotente; que lhe permite compreender melhor seu cérebro e o mundo e, desse modo, ter menos ilusões a respeito de ambos; que lhe permite se sentir leve como uma pluma e aberta a todas as possibilidades e, desse modo, sacrificar facilmente tudo quanto você construiu em terra firme; que lhe permite ver "realmente" as coisas à sua volta, sem qualquer interrupção, influência ou distração e, por conseguinte, ficar "realmente" frustrada.

Frustrada, portanto. Muitas vezes exausta. Entediada também, de tempos em tempos. E certamente perplexa diante de todos aqueles céus, rostos, ritmos, ruídos, palavras, comportamentos e travesseiros diferentes. Nesse caso, por que viajo tanto, pergunto a mim mesma, se há tanta coisa de que me queixar? Por que me dar todo esse trabalho?

A resposta é simples, para falar a verdade. Porque viajar é viver; só isso. Ver o mundo e conhecer gente e descobrir culturas vale todo o cansaço, toda a confusão, todos os riscos, toda a perplexidade, caos e frustração que vêm com o novo território. Esse é um dos principais sentidos da vida. Ver coisas novas. Ler coisas novas. Descobrir coisas novas. Comunicar coisas novas. Sentir coisas novas. Aprender coisas novas. Amar coisas novas (e pessoas novas, é claro).

Se isso não é viver, o que será?

Mas viver também é se orgulhar de ser a pessoa que se e.

Quando eu era pequena, dizia a todo mundo que quisesse ouvir que eu teria preferido ser menino. Só descobri a extensão de minha estupidez quando senti a maravilha de ser quem SOU; a maravilha da minha mão. Do sangue venoso e do sangue fresco em minha mão. A maravilha de minhas feridas, abertas como olhos ameaçadores; a maravilha das praias que teria que alcançar; dos círculos que precisaria romper para refazer meu caminho; das identidades e verdades impossíveis às quais precisaria dar um nome; das múltiplas imagens da pessoa que eu teria de ser, e depois não ser; do homem que eu precisaria descobrir e amar e receber e iluminar e liberar, mas não substituir; a maravilha da vida, de todas as vidas que eu teria de viver a despeito da vida...

Isto é, da maravilha de ser mulher. Uma mulher de verdade. E de ter orgulho disso.

"A mulher não é vítima de um destino misterioso: ela não deve supor, de forma alguma, que seus ovários a condenam a viver eternamente de joelhos" (Simone de Beauvoir). Chegou a hora da mulher VIVER em vez de apenas suportar a vida, e de se liberar da imagem de vítima. Pois ela não é uma vítima, e deve parar de se ver como vítima, de se considerar uma vítima. Precisa aceitar e amar a si mesma. Quem foi que disse que ser narcisista é ruim? Não quando essa postura lhe permite acolher sua verdade e comemorá-la. Não quando ela não transforma você num ser humano insensível, cruel, egocêntrico.

As mulheres também precisam liberar o homem de seu medo da mulher forte: ele tem de começar a considerá-la uma aliada poderosa, necessária, útil, e não uma ameaça castradora suspensa sobre seus testículos. Chegar a esse ponto exige muito trabalho dele, mas também exige muito trabalho da mulher: ela não deve usar sua força para intimidá-lo, por mais tentador que isso seja.

Portanto, viver é aceitar ser quem somos. Mas também é aceitar a mudança. Essa é uma das razões pelas quais eu sempre procuro defender meus pontos de vista, ao mesmo tempo em que deixo espaço para um pouco de autocrítica, e uma margem de variação. Mudar é um direito nosso, é um direito dos seres humanos. Mas não é sinônimo de incoerência, como algumas pessoas rígidas gostam de pensar. Muito pelo contrário: é deixar o universo passar por nós e fazer suas ondas em nossa cabeça e em nossa alma. Não quero ser exatamente igual daqui a dez anos, nem daqui a cinco, nem mesmo daqui a um. As pessoas duras e inflexíveis não se cansam de si mesmas? Já não bastam todas as vezes que tiveram de repetir as mesmas palavras, as mesmas ideias, os mesmos conceitos? Não estou dizendo que devemos ser mal-humorados ou instáveis; e certamente não sou a favor de um comportamento hesitante ou totalmente imprevisível. A gente pode se deixar levar de roldão por coisas novas. Pois se tornar uma pessoa *blasé* é a pior coisa que pode acontecer a um ser humano. "Seja isso, faça aquilo." Tão triste... é, por excelência, o contrário de viver.

Viver, por fim, também significa perder. Ao menos para mim. Pois não sou uma supermulher. Longe disso. E tenho minha dose de defeitos e fracassos ao longo do caminho:

Muitas vezes em minha vida fui covarde. E, por isso, perdi a batalha.

Muitas vezes fui burra e tacanha. E perdi o debate.

Muitas vezes fui competitiva demais. E perdi o prazer de competir.

Muitas vezes fui arrogante. E perdi o privilégio de ser humilde.

Muitas vezes fui autoritária gratuitamente. E perdi o privilégio de ser justa.

Muitas vezes fui evasiva. E perdi a autoconfiança.

Muitas vezes perdi o foco. E deixei de acertar o alvo.

Muitas vezes fiz coisas só para provar que posso fazê-las. E perdi a sensação de plenitude e realização.

Muitas vezes pensei que era mais inteligente que meus adversários. E perdi para eles.

Muitas vezes duvidei de meus amigos. E perdi alguns de verdade.

Muitas vezes confiei em quem não merecia a minha confiança. E levei facadas pelas costas.

Muitas vezes achei que era invulnerável. E me machuquei feio.

Muitas vezes fui desnecessariamente agressiva. E levei um tapa na cara.

Muitas vezes eu disse não, quando, na verdade, queria dizer sim. E perdi um sim que teria mudado minha vida.

Muitas vezes eu disse sim, quando, na verdade, queria dizer não. E perdi um não necessário.

Muitas vezes preferi o autocontrole à entrega. E perdi o amor.

Muitas vezes preferi a ilusão da vitória ao reconhecimento de minhas fraquezas. E perdi minha verdade.

Muitas vezes preferi a superfície às profundezas. E perdi conhecimento.

Muitas vezes preferi o egoísmo à generosidade. E perdi o que não tinha dado.

Muitas vezes eu quis desesperadamente coisas que eram bobas, ou vãs, ou fúteis, ou infantis, ou fora do meu alcance.

Busquei e alcancei as coisas vãs, e elas só me deram a sensação do ridículo.

Busquei e não alcancei as coisas fora do meu alcance, perdi meu tempo e ganhei a sensação de frustração.

... E aprendi, ganhei muito com todas as perdas. Com todas as feridas. Com todas as lágrimas. Com todas as quedas.

୨ଚ

Ainda há tanta coisa sobre a qual eu gostaria de escrever neste livro... amor, solidão, casamentos, divórcios, idade, relações afetivas, a necessidade de espaço, a necessidade de intimidade, de aproveitar o momento, de experimentar coisas novas, de momentos de felicidade suprema, de momentos de desespero absoluto...

E também: sobre a persistente síndrome do harém, sobre o mito da virgindade, sobre a arte de assumir múltiplas tarefas — e dar conta delas —, sobre a importância da educação, sobre o significado da carreira profissional, sobre o valor da independência financeira...

Para não falar de: línguas, ambições; eu criando meus filhos, meus filhos me criando; de quebrar moldes, de transcender fórmulas...

Mas ainda não estou preparada para esses tópicos. De modo que eles vão ter de esperar.

Espero que você também.

Enquanto isso, eis aqui um último vislumbre da minha realidade, da NOSSA realidade como mulheres árabes: "Paradoxalmente, quanto mais o Ocidente aceita os ganhos do feminismo moderno, e quanto mais fica indignado com as 'humilhações' a que as mulheres árabes são submetidas, tanto menos as mulheres do mundo árabe abrem a boca. Hoje, à medida que as ruas do Cairo e de Beirute se enchem outra vez com mulheres vestidas de preto, buscando a respeitabilidade de um manto para sua existência corpórea, e o fundamentalismo faz uma campanha triunfante para fixar sua identidade no molde da austeridade religiosa, muitas feministas e socialistas árabes só se defendem timidamente dessa maré" (Mai Ghoussoub).

As palavras acima nunca pareceram mais pertinentes e acuradas.

"Equilibristas numa corda": não há epíteto melhor para nos descrever, nós, mulheres árabes, nesse momento da história. Equilibristas suspensas no ar, entre o céu e a terra, numa corda estendida entre a desgraça e a libertação. E sem rede de segurança.

Apesar disso, cá estou; cá estamos. Mulheres árabes que "abrem a boca".

Mulheres árabes que "se defendem da maré".

Mulheres árabes que não toleram certas coisas, nem poupam outras.

Mulheres árabes que dizem NÃO.

Mulheres árabes, em síntese, que tentam transpor o abismo.

Será que algum dia vamos conseguir chegar ao outro lado?, pergunto-me.

Eu te conto, se conseguirmos.

Prometo.

# Para começo de conversa — outra vez...

*Será que sou mesmo uma "mulher árabe"?*

Cara ocidental,
*E*, mais importante ainda, cara árabe,
Depois da tentação do repúdio e da ilusão, dos clichês e dos anticlichês, do comum e da exceção, da realidade e da máscara (aliás, ambas são imposturas, ambas são enganosas), chegou o momento de fazer a seguinte pergunta: existe realmente essa entidade chamada de "mulher árabe"?

Na verdade, quer eu goste, quer não, quer eu aprove, quer desaprove o rótulo, sou uma mulher, uma mulher árabe, uma escritora árabe. Simbolizo a perfeita "atração zoológica" da era pós-11 de Setembro. Mas será que isso me torna representativa de uma "espécie"? Acredite quando digo que, na verdade, mal e mal represento a mim mesma.

Não sou fã de sermões. E muito provavelmente não tenho as qualificações — nem o desejo — de passar sermão nos outros. Portanto, não interprete minhas palavras como uma pregação quando lhe digo que nós, mulheres árabes, existimos em grande número. Mas que não sejamos consideradas — e que não aceitemos ser consideradas — unanimidade, um grupo homogêneo. "Particularizar é a única distinção que vale a pena fazer" (William Blake). Na verdade, foram-nos dadas unhas por uma razão: para diferenciar, para cavar mais fundo, para rasgar a pele generalizadora, sensacionalista, e estender a mão para o que está além da superfície brilhante... Pois os "véus" existem em muitos modelos e texturas: há o véu do repúdio; o véu da ilusão; o véu da mensagem política tendenciosa; o véu da visão e da extrapolação distorcidas; o véu da apreensão e do medo; o véu do julgamento tacanho; e, o mais perigoso de todos, o véu do símbolo falso, fabricado pela mídia...

A essa altura, eu gostaria de repetir que nem todas as mulheres árabes carecem de uma espinha dorsal. A prova disso, para todas nós, tanto ocidentais quanto árabes, é ler os ensaios de intelectuais como May Ziade, Huda Shaarawi, Etel Adnan, Mai Ghoussoub, Fatima Mernissi, Laure Moughaizel e Khalida Said; e descobrir os romances de escritoras como Ahdaf Soueif, Alawiya Sobh, Hoda Barakat, Hanan El Sheikh e Sahar Khalifeh; e ver obras de artistas plásticas como Zaha Hadid, Mona Hatoum, Helen Khal e Ghada Amer; e compreender os poemas de Joyce Mansour, Saniyya Saleh, Nazek Al Mala'ika, Nadia Tueni e Fadwa Touqan; e assistir as peças de Jalila Bakkar, Raja' Ben Ammar, Lina Khoury, Darina El Joundi e Nidal Al Ashkar; e curtir os filmes de Jocelyne Saab, Randa Shahhal, Danielle Arbid, Layla Al Marrakshi e muitas outras...

Na verdade, esse depoimento é também um tributo singelo a todas essas escritoras, pensadoras, artistas e professoras universitárias, e a toda e qualquer mulher árabe, célebre ou anônima que, apesar dos inúmeros desafios, obstáculos e ameaças com que se depara, ainda consegue fazer diferença na vida. Na própria e, por extensão, na nossa.

࿔

Os mal-entendidos, os do Ocidente e os nossos, são mútuos. E sei que nós, árabes, generalizamos a respeito dos ocidentais mais ainda do que eles a nosso respeito (um exemplo hediondo é a imagem da mulher ocidental "depravada", "fácil", decadente, que infelizmente não são definições tão inusitadas assim aos olhos de muitos árabes). Mas será que queremos realmente nos conhecer melhor? Então precisamos começar a acreditar que não há "vocês", nem "nós". Não há amostras de seres humanos, não há estereótipos. Toda pessoa e todo caminho é único. Procuremos o núcleo: o todo está comprimido no núcleo. E o núcleo não é estático. Seu esplendor é ser constantemente irreconhecível, porque está em transformação constante.

࿔

Então você acha que me conhece agora, depois de terminar pacientemente este livro? Acha que pode me classificar numa determinada categoria depois de ler este depoimento?

Pense bem, porque eu mudei drasticamente *enquanto* você lia.

E você também.

"Nada é o que parece", escreveu Franz Kafka.

Está na hora de nós, árabes e não árabes, Oriente e Ocidente, começarmos a acreditar nisso.

# Pós-parto:
## *eu matei Sherazade*

Nunca fui muito fã de Sherazade.

Sei que, sendo uma mulher árabe e tudo isso, eu devia ter "admiração" por ela, ou ao menos apoiá-la. Mas não é o caso.

Pode parecer, à primeira vista, que tenho ciúme dela. É Sherazade pra lá, Sherazade pra cá: ela simplesmente pula de sua caixa de Pandora toda vez que uma escritora árabe é mencionada em alguma parte do mundo. Mas não tenho ciúme dela. Nem poderia ter. E vou explicar o motivo.

Sabe, Sherazade é constantemente exaltada em nossa cultura por ser uma mulher instruída, engenhosa e de imaginação fértil, e inteligente a ponto de salvar a própria vida subornando "o homem" com suas histórias intermináveis. Mas eu nunca gostei realmente desse lance de "subornar o homem". Em primeiro lugar, acredito que envia às mulheres a mensagem errada: "Persuada os homens, dê a eles as coisas que você tem e que eles querem, pois assim eles a pouparão." Corrija-me se eu estiver errada, mas parece óbvio que esse método coloca o homem numa posição de onipotência e a mulher, numa posição contemporizadora, inferior. Não ensina às mulheres resistência e rebelião, como fica implícito quando o caráter de Sherazade é discutido e analisado. Ensina-lhes, isso sim, a fazer concessões e negociações sobre seus DIREITOS básicos. Convença-as de que agradar o homem, seja com uma história, uma bela refeição, um par de seios de silicone, uma boa trepada ou o que for é a maneira de "dar certo" na vida.

É isso que é considerado criatividade?

É isso que é considerado resistência?

Pode me chamar de míope, mas não acho que seja.

Nunca fui muito fã de Sherazade — que, pra piorar as coisas, é venerada de forma nauseante pelos orientalistas —, embora eu tenha adorado ler e reler *As mil e uma noites*. Estou convencida de que seu caráter é uma conspiração contra as árabes em particular e contra as mulheres em geral. Obviamente, a pobre coitada teve de fazer o que era necessário. Não a condeno por isso. Na verdade, eu mesma poderia muito bem fazer a mesma coisa se estivesse em sua posição delicada. Mas já estou farta de pessoas (principalmente no Ocidente, mas no mundo árabe também) que a transformam em heroína, em símbolo da oposição feminina na cultura árabe e da luta contra a injustiça, a crueldade e a discriminação dos homens. Ela é tão maravilhosa com sua imaginação fértil e sua boa capacidade de negociação... Simplesmente é preciso pôr as coisas na perspectiva correta.

Foi por isso que a matei.

Eu matei Sherazade. Estrangulei-a com minhas próprias mãos. Alguém teria de fazer isso, um dia. Uma contra-análise e um questionamento intelectual de sua figura não foram suficientes.

E, pra falar a verdade, não foi um assassinato tão difícil assim de cometer. Pois, em vez de tentar reagir, em vez de chutar, de arranhar e de morder, como qualquer personagem da ficção razoavelmente corajosa faria, aquela bobona simplesmente se ofereceu para me contar uma história em troca de eu lhe poupar a vida! Dá pra acreditar? Por falar em hábitos arraigados... Simplesmente não deu para aguentar. De modo que continuei apertando as mãos em volta de seu pescoço frágil até ela soltar sua última história. Epa, quer dizer, seu último alento.

Eu matei Sherazade. Mas não posso ficar com todos os créditos. Muitos cúmplices me ajudaram a cometer esse crime; instigadores cujas mãos se juntaram às minhas — mãos hostis ou encorajadoras — e que, por isso, a essa altura, apresento agradecida a lista mais completa possível:

Eu matei Sherazade com as mãos de todos os homens que tentaram, de formas diferentes e sob várias máscaras, cortar minha garganta.

Eu matei Sherazade com as mãos de todas as mulheres que tentaram de formas diferentes e sob várias máscaras, me fazer acreditar que é CERTO minha garganta ser cortada por um homem.

Eu matei Sherazade com as mãos de todos os homens e mulheres que desejaram que eu renunciasse a uma parte de mim mesma para que minha garganta fosse poupada;

Eu matei Sherazade com as mãos de todo escritor, homem ou mulher, que foi proibido, quer por um censor externo, quer por um censor interno, de escrever o que tinha vontade de escrever e o que tinha o direito de escrever.

Eu matei Sherazade com as mãos de minha mãe, que não queria que eu tivesse a mesma vida que ela, e que deixou isso claro — e possível — desde o começo.

Eu matei Sherazade com as mãos do meu pai que, de ter medo por mim, passou a ter orgulho de mim, embora a estrada entre uma coisa e outra tenha sido muito dura.

Eu matei Sherazade com as mãos de diferentes representantes e líderes religiosos, que me fizeram perceber o fosso entre autenticidade e adesão cega ao que quer que seja.

Eu matei Sherazade com as mãos de numerosos conservadores rígidos que conheci na vida, que me fizeram descobrir a diferença entre ética humana atemporal e valores fúteis.

Eu matei Sherazade com as mãos das modelos da Calvin Klein, das namoradas de James Bond e de toda mulher que é tratada como um delicioso pedaço de carne em revistas, filmes, telas de TV e na vida real.

Eu matei Sherazade com as mãos de toda adolescente que morre de fome por ter sofrido uma lavagem cerebral que a levou a acreditar que os homens vão gostar dela em pele e osso.

Eu matei Sherazade com as mãos de todo homem que foi ridicularizado pelos amigos machões de Neandertal por tratar as mulheres decentemente.

Eu matei Sherazade com as mãos do médico que me bateu quando saí do ventre de minha mãe, e com as mãos de todos os que me bateram — ou tentaram me bater — depois disso.

Eu matei Sherazade com as mãos do professor de matemática da quarta série, que queria me convencer de que os meninos têm jeito para matemática e as meninas, para a cozinha.

Eu matei Sherazade com as mãos de toda boneca Barbie que poluiu a cabeça de todas as menininhas de todas as cidades do mundo.

Eu matei Sherazade com as mãos de todo grito que não ousei dar, e de todo NÃO que não ousei dizer — ainda.

Eu matei Sherazade com as mãos de todo amigo que me traiu, e de todo amigo que eu traí.

Eu matei Sherazade com as mãos de todas as pessoas que fui, de todas as pessoas que sou e de todas as pessoas que serei.

E, por fim, matei Sherazade com as mãos de Lilith: minha semente, minha raiz, minha terra e minha verdade.

☙

Sim, eu matei Sherazade. Eu a matei em mim. E estou completamente decidida a matar tudo e todos que, mesmo remotamente, me lembrem ou se pareçam com ela em meu inconsciente, imaginação e mente. Portanto, o melhor que suas irmãs, filhas, netas e todas as suas descendentes têm a fazer é desistir da concessão ou ficar longe, bem longe de mim.

Pois há uma mulher árabe insubmissa em mim. Ela tem suas próprias histórias, cuja moral não é a negociação, ela tem

sua liberdade e sua vida, que não lhe foram concedidas por ninguém,
> *e* a arma perfeita para matar.
> E nada vai detê-la agora.

# O capítulo da poetisa:
## *uma tentativa de autobiografia*

### GEOLOGIA DO EU

> Um poema é uma pessoa nua.
> *Bob Dylan*

Sou o dia 6 de dezembro do ano de 1970;
Sou a hora que vem logo depois do meio-dia.
Sou os gritos de minha mãe me parindo
e os gritos dela parindo a si mesma.
Seu o ventre me liberando para sair por mim mesma,
seu suor atingindo minha potencialidade.
Sou o tapa do médico que me ressuscitou.
(Todo tapa posterior tentando me ressuscitar quase me destruiu.)
Sou os olhos da família sobre mim,
os olhos do pai, do avô, das tias.
Sou todas as situações possíveis para eles;
Sou as cortinas baixadas, as cortinas por trás das cortinas e as paredes por trás destas,
e sou aquela que não tem nome, nem mão, para o que vem depois.

Sou as expectativas sobre mim, os sonhos abortados,
os vazios suspensos como amuletos em volta do pescoço.
Sou o casaco vermelho apertado que me fazia chorar toda vez que o usava,
e todo aperto que ainda me faz chorar.
Sou a boneca de cabelos castanhos e olhos de plástico;
Sou aquela boneca descartada, que me recusei a embalar, jogada fora, ainda se esvaindo em sangue na base da cabeça,
(Duas gotas em dias de semana e três gotas nos fins de semana e nas férias.)
Sou o triste buraco na meia de minha professora.
Ele ainda me olha como a censura de Abel na minha alma,
olhando para me falar de sua pobreza e da minha impotência,
do esgotamento de minha paciência e do terror causado pelo desespero dela.
Sou a agenda que não dominei até hoje;
Sou dois cuja soma é um, sempre um.
Sou a teoria das linhas curvas, nunca seguida, e sou suas aplicações.
Sou meu horror à história, à álgebra e à física.
Sou minha fé, quando criança, de que a terra girava em torno do meu coração
e meu coração, em torno da lua.
Sou a mentira do Papai Noel,
na qual acredito até hoje.
Sou a astronauta com que eu sonhava que me tornaria.
Sou as rugas de minha avó que cometeu suicídio;
Sou minha testa encostada em seu colo ausente.
Sou o menino (o nome dele era Jack?) que puxava meu cabelo e corria.

Sou aquele que me fez chorar, que me fez amá-lo ainda mais.
Eu
sou meus gatinhos;
e a bicicleta do filho dos meus vizinhos que veio em cima de mim e eu não protestei;
(Vendi as almas do meu gato por um único olhar daquele lindo menino.)
Sou a chantagem, meu primeiro vício.
Sou a guerra
e o cadáver do homem que os combatentes arrastaram na minha frente,
e a perna mutilada tentando acompanhá-lo;
Eu
sou os livros que li quando criança, os livros impróprios para mim,
(que agora escrevo e ainda são impróprios para mim.)
Sou a adolescência de meu seio direito,
e sou a sabedoria do esquerdo.
O poder de ambos sob uma camisa apertada
e, depois, a consciência de seu poder: o começo de minha queda.
E meu tédio rápido, meu primeiro cigarro, minha obstinação de ultimamente,
e as estações do ano que passaram.
Sou a neta da criança que fui;
sua falta da minha raiva,
minhas decepções e meus triunfos,
meus labirintos e meus desejos,
minhas mentiras, minhas guerras,

minhas cicatrizes e meus erros.
Sou a ternura que sinto a despeito de mim mesma;
Sou meu deus e minha ambição;
minhas ausências cheias dos meus mortos;
e sou meu morto que nunca dorme,
meu assassino que nunca dorme;
e sou seus últimos suspiros no travesseiro toda manhã.
E eu
sou meu ressentimento, meu contágio,
meu perigo,
e minha fuga da covardia para algo pior ainda.
E sou minha espera, que não sabe a hora,
e minha falta de compreensão do espaço.
Sou o silêncio que aprendi
e o silêncio que ainda não dominei.
A solidão que pisa em minha alma como um inseto.
Sou a neta da criança que fui:
Minha falta de sua negligência inata,
de sua perfeição desinteressada.
Sou a calamidade do amor
e o fato dele acontecer.
Sou o lobo da poesia correndo pelo meu sangue
e eu correndo descalça em busca do caçador,
e que não encontra o caçador.
Sou as águas espumantes do meu desejo quando ele acena para o desejo;
Sou a sucessão de línguas que irrigam sua espuma,
e meu batom que antecipa a sede delas.
Sou minhas unhas também: o que está embaixo delas e aquilo em que afundam.

Sou a lembrança de suas feridas,
a lembrança de sua raiva,
a lembrança de sua fraqueza,
a lembrança de sua força, evidente por si mesma,
e sou os pedacinhos de carne arrancados das costas dos homens em todo momento de êxtase.
Sou meus dentes
e minhas coxas delicadas
e meus desejos indecentes.
Sou meus pecados e, ai, como os adoro;
Sou meus pecados e a forma como me expõem.
E sou a amiga que me traiu...
E lhe agradeço por isso.
Sou minha coluna vertebral uivando diante dos traidores.
Sou meus olhos mergulhando numa escuridão que é minha.
Sou minha dor,
sim, minha dor.
Sou meu grito no meio da noite
(calado em cima da hora).
Sou o que dizem para eu não dizer
não sonhar
não ousar
não pegar.
Sou o que me dizem para eu não ser.
Sou o que escondo,
o que não quero esconder, mas escondo,
e que quero esconder, e não escondo.
Sou o "diga que me ama",
e o "não acredito".
Sou a cabeça ligada ao corpo, desligada do corpo.

Sou minha morte prematura — digo isso sem drama...
e toda devastação que vai ficar para trás de mim.
Sou a loucura e a ausência que existem antes de mim
e as coisas pequenas, insignificantes, reveladoras:
os selos do correio, os recortes de cartas,
as notas embaixo do vidro da minha mesa, meus sorrisos em fotos antigas.
Sou a composição dos homens que me amaram e que eu não amei.
Sou aqueles que amei e que não me amaram,
e aqueles que imaginei que eu amava
e que imaginei que não me amavam.
Sou a composição do único homem que amo.
Sou a noiva cuja imagem chorava na foto de seu primeiro casamento (mas só a imagem).
Sou minhas refrações, meus defeitos, minhas vitórias vãs.
Sou minha salvação de morrer afogada certa vez (se é que foi salvação mesmo).
Sou o ranço das migalhas de pão em minha mesa.
Sou os sete dias e os séculos de que precisei para criar a mim mesma.
Sou o peixe e os pássaros e as árvores
e a fumaça das fábricas
e o asfalto da estrada e o assobio das bombas,
e sou o vento e as aranhas e a carne da fruta.
Sou todo vulcão no topo de toda montanha de todo país de todo continente de todo planeta.
Sou todo buraco cavado na terra de todo país de todo continente de todo planeta.
Sou o segundo que foi preciso para me destruir

e a todos os meus corpos
e as ruas úmidas de minha cidade
e sou quem eu fui e eu sou quem eu poderia ter sido.

Sou o vestido azul que minha mãe não quis comprar para si, preferindo pagar a mensalidade de minha escola.
Sou a biblioteca de meu pai, seus olhos e seu coração petulante.
Sou os óculos que não me permiti usar, as palavras que não disse e os lábios que não beijei
e as pegadas que não deixarei atrás de mim:
todas as burrices que não fiz
todas as coisas divinas que ainda não fiz
todas as partidas das quais não voltarei.
Eu
sou minha filha, a quem não dei à luz
a quem eu poderia dar à luz
e
a mulher que serei.
Já sou quase essa mulher
E quase o homem
que não me tornei completamente
e no qual não quero me tornar
e que me salva de mim mesma todo dia.
Sou a mulher que não sou agora,
todas as coisas e pessoas que fui ontem,
que serei amanhã,
e que cria
descria
me recria.

# Agradecimentos

Agradeço primeiramente a todos os amigos maravilhosos que investiram seu tempo na leitura desse texto modesto e me fizeram observações perspicazes e comentários úteis para sua melhoria. Eles são (em ordem alfabética): Akl Awit, Etel Adnan, Luca Bonaccorsi, Oriana Capezio, Peter Carlsson, Hala Habib, Marilyn Hacker, Renée Hayek, Schona Jolly, Stephen McCormick e Jan Henrik Swahn.

    Também gostaria de agradecer a grandes mulheres (e homens) que me serviram de inspiração em minha cultura, bem como a grandes mulheres (e homens) do mundo inteiro. Aqueles que citei e aqueles cujas palavras, embora não tenham sido expressamente atribuídas a eles, mas que estão muito presentes, me serviram de motivação a cada passo da estrada. Àqueles que vieram e foram embora, àqueles que ainda estão aqui e àqueles que ainda vão chegar, devo a todos eles a pessoa que sou e, principalmente, a pessoa que ainda vou ser.

    Por fim, agradeço a meus pais por suas qualidades e defeitos, por seus momentos de dúvida e de fé em mim, pelas vitórias e pelos erros que cometeram, pelas palavras certas e erradas que disseram, pelo que tomaram e pelo que deram, por me confundirem e me ajudarem, muitas vezes ao mesmo tempo. E agradeço a meus dois filhos, Mounir e Ounsi, por me ensinarem todos os dias como merecê-los mais, como mãe, como mulher e como ser humano.

J.H.

Este livro foi composto na tipologia Adobe Garamond
em corpo 12 / 16, e impresso em papel
off-white 90g/m² no Sistema Cameron da
Divisão Gráfica da Distribuidora Record.